Wir müssen mal miteinander reden…

Wir müssen mal miteinander reden...

Sprache üben - Gespräche führen - Konflikte lösen

von Dr. Dr. Hermann Josef Zoche

SCHMIDT VERLAG
Postfach 11 65 · D-96338 Stockheim
Tel. (09562) 992-0 · Fax (09562) 992266
e-mail: info@schmidtcolleg.de
Internet: www.schmidtcolleg.de

ISBN 3-926 258-23-3

1. Auflage 1999, Schmidt Verlag, Stockheim
© 1999, Schmidt Verlag, Postfach 11 65, 96338 Stockheim

Alle Rechte, auch die des auszugsweisen Nachdrucks, der fotomechanischen Wiedergabe (einschließlich Mikrokopie) sowie der Auswertung durch Datenbanken oder ähnlichen Einrichtungen vorbehalten.

INHALTSVERZEICHNIS

Einleitung — 8

Die Sache mit den Beziehungsproblemen — 10
Die Sache mit den Nadelstichen — 13
Die Sache mit der Unsicherheit — 16
Die Sache mit der Moral — 18

1. Teil
Der Anfang allen Sprechens ist die Sprache — 20

1. Wer nicht hören kann, muss lesen (E. Kästner) — 25
1.2. Sprache - mehr als nur Worte — 30
1.2.1. Schreiben oder sprechen? — 36
1.2.2. Sehen oder hören? — 40
1.2.3. Hören oder reden? — 49
1.2.4. Links oder rechts? — 52
1.3. Sprache - eine unter Tausenden — 61
1.4. Sprache und Geschichte — 65

2. Jedes überflüssige Wort wirkt seinem Zweck entgegen (Schopenhauer) — 80
2.1. Fremdwörter im Allgemeinen — 80
2.2. Fremdwörter aus den Alten Sprachen — 83
2.3. Fremdwörter aus dem englischsprachigen Raum (Anglizismen) — 87
2.4. Plastikwörter — 94

3. Die Sprache lässt unser Bewusstsein hell werden (K. Jaspers) — 111
3.1. Jugendsprache — 111

3.2.	Feministische Sprache	119
3.3.	Religiöse Sprache	125
3.4.	Bildsprache	132
3.5.	Emotionssprache	146
3.6.	Computersprache	149

4. Sprache lernen ist etwas Höheres als Sprachen lernen (Jean Paul) ___ 157

4.1.	Selbstbejahung	163
4.2.	Soziabilität	166
4.3.	Emotionalität	168
4.4.	Identifikation	171
4.5.	Spontaneität	172

II. Teil

Der Anfang allen „Miteinander-Redens" ist das Sprechen ___ 175

1. Wenn Menschen miteinander reden ___ 180

1.1.	Grundzüge allgemeiner Kommunikation	183
1.1.1.	Begriffsklärung	183
1.1.2.	Kommunikationsvoraussetzungen	190
1.1.3.	Kommunikationsphasen	196
1.2.	Kommunikationsgemeinschaften	205
1.2.1.	Die innerpersonale Kommunikation	207
1.2.2.	Die mediengebundene Kommunikation	208
1.2.3.	Die interpersonale Kommunikation	210

2. Wenn Menschen darüber reden, wie sie miteinander reden ___ 219

2.1.	Miteinander übereinander reden: die Metakommunikation	223

2.2. Metakommunikation als Kommunikation — 225
2.3. Metakommunikation als Psycholinguistik — 228

3. Wenn Menschen nicht miteinander reden können — 233

3.1. Die allgemeinen Kommunikationsstörungen — 234
3.1.1. Die Kommunikationsverweigerung — 235
3.1.2. Der Gesprächsabbruch — 236
3.1.3. Der Kommunikationsmissbrauch — 238
3.1.4. Die Kommunikationsdifferenz — 244
3.2. Spezielle Kommunikationsstörungen — 247
3.2.1. Störungen im Inhalts- und Beziehungsaspekt — 248
3.2.2. Störungen im Aktions- und Reaktionsaspekt — 254
3.2.3. Störungen im Aspekt digitaler und analoger Kommunikation — 259
3.2.4. Störungen im Aspekt symmetrischer und komplementärer Kommunikation — 266
3.2.5. Störungen im Ziel- und Seinsaspekt — 270
3.2.6. Störungen im Aspekt kompatibler und inkompatibler Kommunikation — 277
3.2.7. Störungen im systematischen und spekulativen Aspekt — 283

4. Die ideale Kommunikationsgemeinschaft — 288

4.1. Die offene Kommunikationsgemeinschaft — 290
4.2. Die herrschaftsfreie Kommunikationsgemeinschaft — 293
4.3. Die gewaltfreie Kommunikationsgemeinschaft — 301

Statt einer Zusammenfassung — 307

Literaturverzeichnis — 310

Einleitung

Als ich vor mehr als zehn Jahren das Buch "Konfliktsouveränität" dank des SchmidtVerlages veröffentlichen konnte, war nicht absehbar, dass es vier Auflagen erzielen würde und über so viele Jahre sich gleichmäßig gut verkauft.

Zugegeben: Es gibt nicht viele Bücher über Konflikte, denn das Feld der Konflikte ist weiträumig. Manch ein Leser wird sich von dem Buch mehr versprochen haben, als es ihm tatsächlich geben konnte, manch einer wird auch enttäuscht sein, dass es ihm nicht geholfen hat.

Ich habe deshalb dem Buch "Konfliktsouveränität" zwei Bücher folgen lassen, von denen jedes auf seine Weise bestimmte im Konfliktbuch lediglich oberflächlich angesprochene Phänomene und Probleme eingehender behandelt. Es waren die Bücher "Sprachsouveränität – Anstöße und Ratschläge für eine bessere Sprache" und "Sprachsouveränität – Kommunikation".

Ich habe mich dabei von dem Gedanken leiten lassen, dass die meisten Konflikte, mit denen man im Alltag zu tun hat, Kommunikationskonflikte sind. Längst nämlich ist die Zeit vorbei, dass man durch Faustkämpfe oder morgendliches Duellieren bestehende Konflikte auszuräumen trachtet. Neben einer reinen Wissensvermittlung über allgemeine und spezielle Kommunikationsstrukturen ging es in dem Kommunikationsbuch vor allen Dingen um das brennende Problem der Kommunikationsstörungen und Möglichkeiten ihrer Vermeidung.

Ich denke, dass das Thema nach wie vor sehr aktuell ist und freue mich, dass der Schmidt-Verlag die beiden der "Konfliktsouveränität" folgenden Bände nun im neuen Gesicht einer interessierten Leserschaft anbietet.

Dazu noch ein Wort.

Die Sache mit den Beziehungsproblemen

Vor einigen Wochen bekam ich das Buch "Miteinander reden – Stile, Werte und Persönlichkeitsentwicklung" (Friedemann Schulz von Thun, Hamburg 1998) von einer Bekannten zugesandt. Sie hatte sich dieses Buch in der Hoffnung gekauft, bestehende Beziehungsprobleme damit besser lösen zu können. Voller Enttäuschung darüber, dass dies nicht gelang, schickte sie es mir mit dem Hinweis, vielleicht könne ich es in meiner Sammlung kommunikationstheoretischer Bücher noch irgendwo einsortieren. Nun, das war insofern nicht nötig, als ich dieses durchaus lesenswerte und interessante Buch bereits besitze.

Eines aber wurde mir wieder einmal überaus deutlich: viele Menschen haben Beziehungsprobleme und nicht Kommunikationsprobleme. Die Beziehungsprobleme lassen sich zwar an den Kommunikationsproblemen erkennen, insofern die Qualität der Beziehung natürlich einen Einfluss auf die Qualität der Gespräche, die man miteinander führt (oder eben auch nicht führt), hat, aber durch die Verbesserung der Kommunikation lässt sich die Beziehung nicht verbessern.

Dies ist ein allgemeiner Trugschluss, dem viele Menschen ausgesetzt sind: sie greifen in ihrem verständlichen Leiden an einer schlechten Beziehung zu derartigen Hilfen, die der Markt ja in großer Anzahl und den unterschiedlichsten inhaltlichen Nuancierungen anbietet. Das Ende kann hier nur die Enttäuschung sein.

Kommunikationsbücher helfen nicht, Beziehungsprobleme zu lösen! Allenfalls können sie helfen, die "hinter" der wahrnehmbaren Kommunikation gelagerten Beziehungskonflikte zu erkennen. Im seltensten Fall sind auch Kommunikationsbücher Selbst-Analysehilfen nach dem Motto: "Wenn wir nicht miteinander reden können, dann muss unsere Beziehung schlecht sein. Schauen wir, wo es in der Kommunikation hapert, so können wir auch erkennen, wo es in der Beziehung hapert."

Vor all dem möchte ich an dieser Stelle warnen und möchte jedem, der sich ein Kommunikationsbuch kaufen möchte, weil er an einer schlechten Beziehung leidet, davon abraten. Die reine Analyse hilft bei der Lösung kaum weiter, sie kann allenfalls dazu führen, dass man die schwerwiegenden Störungen erkennt und sich möglicherweise gemeinsam nach professioneller Hilfe umsieht.

Ich erhebe nicht den Anspruch, irgendjemandem, der unter Beziehungsproblemen leidet, mit diesem Buch weiterhelfen zu können und möchte von vornherein vor jeder Enttäuschung warnen.

Mein Anspruch ist viel geringer: es geht um die vielen kleinen Dinge des Alltags, jene Reibungspunkte, die in den besten Beziehungen (auch am Arbeitsplatz) immer wieder auftreten; es geht um die "kleinen" Fehler, die man im Umgang miteinander macht und die man sich abgewöhnen kann.

Der Volksmund sagte: "Der Ton macht die Musik" und bezieht sich damit auf das, was "jenseits" einer Aussage "rüberkommt". Wie oft haben wir nicht alle schon einmal gedacht: "Das könntest Du mir auch freundlicher sagen." oder haben uns darüber geärgert, für "dumm verkauft" worden zu sein. Auch in solchen Fällen geht es um Beziehungen, aber es sind jene Augenblicksbeziehungen ("hier und jetzt") des Alltags und ich glaube, dass genau diese es sind, an denen wir immer wieder leiden.

Mir geht es nicht um die großen Strukturen, die weitreichenden Analysen und hintergründigen Diagnosen (das sollte man auch jenen überlassen, die es besser können), sondern um die "Reibeflächen des Alltags".

Die Sache mit den "Nadelstichen"

Mir hat einmal ein kluger Mensch gesagt: "Eine anständige Operation verkraftet jeder, aber tausend Nadelstiche jagen den stärksten Menschen in die Flucht."

Es geht in diesem Buch vorwiegend um diese "Nadelstiche", es geht um das kleine süße Gift des Alltags, mit dem wir uns in unseren Begegnungen das Leben schwer machen und ich möchte gleich vorwegnehmen, dass auch die Lösungen entsprechend "klein" sind.

Wie viel lässt sich schon im Alltag durch ein bisschen mehr Gelassenheit erreichen, wie viel durch ein bisschen mehr Humor und was alles, durch ein bisschen mehr Souveränität?

Die biblische Weisung "Liebe deinen Nächsten wie dich selbst!" kann auch durchaus einmal heißen: "Lächle über deinen Nächsten, wie über dich selbst." Wer dazu bereit ist, der ist herzlich eingeladen, sich mit dem folgenden zu beschäftigen.

Im ersten Teil geht es einfach um Sprache, denn sie ist das Handwerkszeug der alltäglichen Kommunikation (auch dann, wenn man nicht mehr miteinander redet!). Wie viel Nadelstiche gehen schon von den Wörtern aus, die man wählt und wie viele unnötige Nadelstiche gehen erst von den falschen Wörtern aus, die man deshalb verwendet, weil man keine anderen zur Verfügung hat?

Gehen wir von einem alltäglichen Geschehen

aus: Herr X aus der Firma Soundso trifft Frau Y aus der anderen Abteilung. Er erkennt sofort, dass diese beim Frisör war. Er geht offen und lachend auf sie zu, begrüßt sie freundlich und sagt: "Oh, sie waren beim Frisör, Donnerwetter, sie sehen ja aus wie eine frisch aus dem Kloster entlaufene Palottiner-Novizin, wirklich sehr nett!"

Frau Y aber bricht (verständlicherweise) eine Welt zusammen. So viel Unverschämtheit und Dummheit in einem Satz! Sie ärgert sich, ist aber dem freundlichen Herrn X nicht gewachsen. Man sagt sich noch das eine oder andere, im besten Fall fügt Frau Y an: "Kurze Haare muss man sich leisten können" oder "Der Unterschied ist eben, dass ich eine Frisur habe und sie lediglich Haare auf dem Kopf" – egal, was sie sagt: der "Nadelstich" des Herrn X hat gesessen und er ist auch das, was am meisten fortwirkt. Die Tatsache, dass Herr X ihren Frisörbesuch überhaupt bemerkt hat, tröstet nicht über die spontane Dummheit seiner Aussage hinweg.

Man könnte tausende solcher Beispiele anfügen. Sie sind winzig, beinahe banal, geschehen nur so im Vorbeigehen und haben doch die zerstörerische Wirkung einer Atombombe.

Jeder Mensch kennt das und jeder spürt es: da war ein Nadelstich, klein, verborgen, kaum merklich, nicht zu wiederholen, aber der Stich ist (immer noch) spürbar.

Im besten Fall retten wir uns nun mit dem

Satz: "Der meint das nicht so." Manchmal hilft einem diese Kurzanalyse auch.

Dennoch bleibt meist dieser kleine "Stich", den die falschen Wörter verursacht haben, zurück und schließlich weiß man ja auch nie endgültig, ob und wie jemand das Gesagte nun tatsächlich gemeint hat. Je nach dem, wie man zu ihm steht, wird man auch gewillt sein, einem anderen mehr Bosheit zu unterstellen, als es seinerseits tatsächlich der Fall ist.

Die Sache mit der Unsicherheit

Es gibt noch einen zweiten Rettungsanker, den man in solch einem Fall auswirft: Herr X ist unsicher.

Bleiben wir kurz bei dieser Erklärung. Ehrlich gesagt: sie hängt mir inzwischen zum Halse heraus. Jeder kennt diese Sache mit der Unsicherheit, hat sich schon hunderte Male gehört und auch selbst verwendet. Es ist die Erklärung schlechthin geworden. Manchmal habe ich den Eindruck, als sei man nur noch von sogenannten unsicheren Menschen umgeben. Und täglich werden es mehr. Jede Dummheit wird damit entschuldigt, jedes schlechte Benehmen gerechtfertigt und jede Anstandslosigkeit ins rechte Licht gerückt. Und das Argument wirkt auf subtile Weise: erst muss man sich irgendeinen Nadelstich gefallen lassen und dann läuft man auch noch mit dem schlechten Gewissen herum, den anderen unsicher gemacht zu haben.

Ich glaube aber irgendwie nicht, dass es so viele unsichere Menschen gibt. Und schließlich darf die Unsicherheit doch auch nicht zur generellen Legitimation für alle möglichen Dummheiten werden. Vieles, so glaube ich, was wir gerne Unsicherheit nennen, ist nichts anderes als schlechtes Benehmen und Anstandslosigkeit.

Wie dem auch sei: gehen wir einmal davon aus, dass wir Herrn X nicht weiter analysieren müssen. Faktum aber ist: er hat Frau Y getroffen.

Und nun kommt die Klippe mit der Kommunikation: die beste Analyse und scharfsinnigste Diagnose hilft nicht weiter, im Gegenteil: der Stich ist so klein, das Missverständnis so gering, dass man den Anderen darauf nicht ansprechen kann. Und selbst wenn man ihn darauf anspräche, so könnte er (und wird es in den meisten Fällen auch) antworten, er habe das nicht so gemeint.

Manche Dinge sind eben so winzig im Leben (und können es einem doch so schwer machen), dass schon die Tatsache, darüber zu reden, sie viel zu sehr betont. Am besten wäre es eben, Herr X hätte den dummen Satz nicht gesagt. Basta.

Das vorliegende Buch kann dazu anregen, besser zu werden aber es setzt voraus, dass jemand auch tatsächlich besser werden will. Das Gute aber geschieht nicht dadurch, dass man es will, sondern dass man es tut. Diesen mühseligen Prozess kann man keinem abnehmen.

Die Sache mit der Moral

Wilhelm Busch hat einmal gesagt: "Das Böse kann der Mensch allein, das Gute will gelernet sein!" – Wie recht er hat!

Darin nämlich besteht das Problem in unserer Gesellschaft: sie erscheint als eine Art Urwald, in dem es nur um das bloße Überleben geht. Für Kultur und kultiviertes Auftreten bleibt da keine Zeit. Man setzt die Ellenbogen ein, und sieht zu, dass man als Erster an der "Quelle" ist, schließlich weiß man ja in unserem Sozialdarwinismus sehr genau, dass ansonsten ein anderer einen verdrängt.

Martin Luther, in seinem Wesen etwas derber veranlagt als Wilhelm Busch hat das einmal so ausgedrückt: "Erst kommt das Fressen, dann die Moral." Ich halte es aber – auch wenn es veraltet klingen mag – für ein Privileg des Menschen, seine Triebe zu kultivieren und schließlich ist er das einzige Lebewesen, das besser werden kann. Diesen Fortschritt aber, vom Guten zum Besseren, scheint unser Fortschrittsglaube vergessen oder zumindest verdrängt zu haben. Die Marktgesetze lassen dafür kaum Raum. Was hat man schon davon, wenn man ein guter Mensch ist oder wenigstens nicht aufgibt, einer zu werden? – so mögen sich viele Menschen heute fragen.

Was aber – so lautet die Gegenfrage – hat man denn davon, wenn man am Ende des Lebens merkt, nicht vorangekommen zu sein. Das Leben ist nämlich wie Rudern gegen den

Strom: wer damit aufhört, der treibt unweigerlich zurück.

Es geht hier nicht um Ethik, aber es soll darauf hingewiesen werden, dass es auch nicht ohne Moral geht. Ethik ist die Theorie, Moral die Praxis – Kommunikation ist die Theorie, miteinander zu reden ist die Praxis. Dies ist ein Buch für die Praxis und insofern geht es hier um Anstand und Moral beim Miteinander-Reden. Es ist sozusagen ein praktisches "Benimm-Buch" für Kommunikationspraktiker.

Aller Anfang der Kommunikation aber ist die Sprache.

I. Teil

Der Anfang allen Sprechens ist die Sprache

Ich bin in den vergangenen Jahren im Zusammenhang mit Vorträgen und Seminaren über "Konflikte" immer wieder gefragt worden, ob ich nicht auch ein lesenswertes Buch über Kommunikation kenne.

Daraus leite ich ab, dass viele Menschen nach einem solchen Buch suchen. Was aber, so habe ich mich inzwischen immer wieder gefragt, suchen sie denn wirklich? Ein paar Gedanken finden sich dazu schon in dem Vorwort. Diesem möchte ich hier nichts hinzufügen.

Also: ich kenne tatsächlich viele Kommunikationsbücher und habe viel aus ihnen gelernt. Man könnte jetzt unzählige nennen. Aber da beginnt das Problem. Viele sind zu schwer, viele zu speziell, viele zu trocken, viele nur teilweise zu gebrauchen.

Ich frage mich oft, warum man Menschen, die einfach nur - um überflüssige Konflikte zu vermeiden - besser sprechen (können) wollen, mit Sprachtheorien und Kommunikationsstrukturen eindecken soll. Mir scheint es sinnvoller und vor allen Dingen praxisnäher, einfach zu nennen, was (sowohl sprachlich als auch kommunikationstheoretisch) zu beachten ist, wenn man sprechen will.

Dieses "miteinander reden" hat verschiedene

Ausformungen und dafür benutzen wir auch verschiedene Wörter: Gespräch – Diskussion – Vortrag – Rede usw. Im Alltagsleben sind wir normalerweise in unterschiedlichen Graden mit diesen "Kommunikationsformen" konfrontiert und wir haben alle schon die Erfahrung gemacht, wie schwer es mitunter ist, das zu sagen, was man sagen will.

Kommunikation freilich ist mehr als Sprache, denn auch jemand, der schweigt, "sagt" damit ja etwas. Zu den unterschiedlichen Formen, in denen wir miteinander reden, kommen also sehr viele Formen der Kommunikation: Wortwahl (wenn man sich entschlossen hat zu reden) – Melodie – Blick – Atmung – Gesten usw. und überall können Quellen für Konflikte sein! Wie anstrengend!

Aber keine Angst: vieles machen wir intuitiv richtig und im allgemeinen gehen die Erfahrungen, die wir im Laufe der unterschiedlichsten Gesprächssituationen machen, ein. Der Umgang mit der Sprache macht Spaß und deshalb soll dieses Buch mit der Sprache beginnen.

Die Sprache ist etwas Lebendiges, das allen Gesetzen des Lebens unterworfen ist. Sie verändert sich. Das bedeutet, dass man sich mit Wörtern, Ausdrücken, Redewendungen, Bildern immer neu konfrontiert sieht, diese verstehen und bewerten können muss und schließlich entweder in seinen eigenen aktiven Sprachschatz aufnimmt, oder nicht. Der Sprachschatz ist ein wirklicher Schatz. Man kann diesen vergraben und sich seiner stillschweigend freuen. Aber wie es nun einmal mit einem vergrabenen Schatz ist: man kann ihn auch vergessen. Dieses Buch soll helfen, die Schätze neu zu entdecken und schließlich mit ihnen zu wirtschaften, auf dass sie sich vermehren.

Es ist mit der Sprache wie mit einer Oase in der Wüste. Ich hörte einmal von einem Schüler, er sei gefragt worden, ob sich in den Wüsten seines Nichtwissens nicht auch Oasen des Wissens fänden, woraufhin er geantwortet habe: "Ja sicher, aber die Kamele finden sie nicht".

Die Sprache ist eine Oase und wer den Weg dorthin kennt, der besteht in den Wüsten des betrieblichen Alltags so manche Anforderung, vor allem auch die, spontan reden zu müssen.

Ich selbst habe Sprache und Sprechen auch lernen müssen, bis ich dank vieler "Kameltreiber" die Oasen entdeckt habe. Ich bin mir sicher, dass jeder Mensch solche Oasen hat, er muss sie nur finden und ein immer größeres Umland mit ihnen fruchtbar machen, bis die einzelnen Oasen zusammenwachsen und eine geschlossene, lebendige Fläche ergeben. Die Wüste ist ein sehr fruchtbares Land. Nach jedem Regen und bei jeder gezielten Bewässerung bringt sie eine unvorstellbare Fauna zum Erblühen.

Dieses Buch soll helfen, aus den Oasen

Bewässerungsgräben hinauszuziehen in das noch nicht zum Erblühen gebrachte Land.

> *Teilweise ist es mit der Muttersprache wie mit einer Fremdsprache: man lernt durch gutes Zuhören, nimmt neue Wörter auf, vergisst alte und - dies vor allen Dingen! - man kann auch die Muttersprache immer wieder üben.*

In jeder alltäglichen Situation, Begegnung oder Auseinandersetzung kann man für sich üben zu formulieren und die passenden Wörter dazu verwenden. Man kann Regeln beachten und seine Lehren ziehen, ohne dass jemand etwas merkt.

Diese sprachliche Auswertung der Alltagssituationen ist die beste Voraussetzung, Konflikte zu vermeiden. Ich bin nicht der Ansicht, dass man über alles reden muss, aber ich bin durchaus der Ansicht, dass man sich immer wieder mühen soll, über alles nachzudenken und die Schlüsse daraus zu ziehen.

Diesbezüglich ist eine der sinnvollsten Alltagsübungen die schlichte Frage "Warum tue/sage ist das?" und natürlich muss man so ehrlich zu sich selber sein, dass man sich möglichst die richtige Antwort gibt. Der erste Schritt ist damit getan.

Die logische Folgefrage ist die, ob ich das, was ich auf dem Wege dieser Frage erkannt habe, auch tatsächlich will? Will ich es nicht, so muss ich etwas ändern. Dann aber bin ich schon mitten in jenen alltäglichen Übungen, von denen oben die Rede war. Nur wer dies tut, wird so souverän, dass ihm auch in der freien Rede keine entscheidenden Fehler mehr unterlaufen. Wer aber frei reden können will, der muss erst einmal sprechen können, sich langsam aber sicher die richtigen Konstruktionen angewöhnen und in eigener, stiller Arbeit seine Sprache formen.

Wer seine Sprache und Wortwahl formen möchte, der muss den Mut haben, sich kritisieren zu lassen und zu kritisieren. "Kritisieren" kommt aus dem Griechischen ("kritein") und heißt "unterscheiden". Kritisch sein heißt: unterscheiden können, heißt: dazu fähig sein, auszuwählen und sich zu entscheiden. Nichts von dem, was an Sprachkritischem auf den nächsten Seiten folgt, beansprucht absolute Wahrheit. Es sind und bleiben subjektive Hinweise für eine bessere Sprache. Die meisten von ihnen sind aus Kritik an meiner eigenen gesprochenen Sprache entstanden.

Vielleicht ist dieses erste Kapitel die Lehre, die ich aus der Summe meiner bisherigen Sprachfehler gezogen habe. Und wenn dem so ist, dann freut es mich, dass auch andere daraus lernen können.

1. Wer nicht hören kann, muss lesen (Erich Kästner)

Der gleichnamige Buchtitel von Erich Kästner spielt auf die leidliche Tatsache an, dass immer mehr Menschen immer weniger lesen (und gleichzeitig immer weniger Menschen immer mehr Bücher kaufen).

Das Lesen aber ist der Schlüssel zur (Sprach-) Welt. Und – das genau meint ja Erich Kästner mit diesem Titel – es verändert die gesamte Persönlichkeit. Manchmal frage ich mich, ob man die Menschen nicht der Einfachheit halber lediglich einteilen sollte in die, die lesen und in die, die eben nicht lesen.

Nur ein Mensch, der liest, wird wissen, dass die Sprache die Kraft hat, in die tiefsten Tiefen menschlicher Wirklichkeiten zu führen. Denn dies ist die besondere Gabe eines Schriftstellers: er führt den Leser in einen Innenraum, er eröffnet ihm mittels der Sprache Welten, die er sonst nicht sehen würde. Wer liest, der dringt gewissermaßen in ein unterirdisches Höhlensystem vor, das nur durch diesen Eingang betreten werden kann, sich dann aber in unendlichen Weiten erstreckt, in dünnen Kanälen verläuft, sich verzweigt und verästelt, dann wieder öffnet, zu unterirdischen Seen führt usw.

Ein bisschen ist es vielleicht wie mit dem Froschkönig, der durch diesen einen Brunnen steigt und am Ende des Brunnens in eine wundervolle, fantastische Welt gerät, die nicht weniger wirklich ist als die Welt, in der lediglich der Brunnen steht.

Ich kann mir gut vorstellen, dass jemand, der nur mit den besten Werken der Literatur ausgerüstet mehrere Jahre auf einer einsamen Insel lebt und diese Werke dort liest, doch als Menschenkenner wiederkommt – vielleicht sogar als ein besserer, wie wenn er, statt auf der Insel, seine Zeit im oberflächlichen Treiben des Alltags verbracht hätte.

Natürlich dauert es eine ganze Weile, bis sich diese Welten einem erschließen, aber mit jedem (guten) Buch mehr, wird auch diese Welt lebendiger. Wer sie aber entdeckt hat, der möchte ohne sie nicht mehr leben. Wie viele Typen, die man in irgendeinem Buch "kennengelernt" hat, trifft man nicht im Leben wieder? Wie viele Situationen lassen sich nicht entdecken und wie viel zutiefst Menschliches lässt sich nicht im Alltag "sehen", wenn man nicht lesen würde.

Wer liest, bekommt Herz, denn die Literatur führt einen Menschen ein in Glück und Leid, in das innere Erleben eines Menschen, in seine Wünsche, Hoffnungen, Träume, Vorstellungen genauso, wie in seine Dunkelheiten und Abgründe.

Und so bekommt man eben auch ein "Ohr" für die Dinge. Aber das "Ohr", das sich einem lesenden Menschen im Laufe der Jahre formt, nimmt anders wahr, als das physische Hören. Es vermag hineinzulauschen in die Tiefen.

Das Lesen aber ist heute ein "Stiefkind". Allenfalls lesen viele noch "das Buch zum Film", aber wie kläglich ist das? Vielleicht würden viele Menschen, die an der Oberflächlichkeit dieser Zeit leiden, tiefsinniger und erfüllter (vielleicht auch ein wenig trauriger) werden, wenn sie ihren Fernseher abschaffen und statt dessen lesen würden.

Ich las einmal auf der Einkaufstüte eines großen Freiburger Verlagshauses den Spruch: "Lesen ist Fernsehen im Kopf". Wenn man bedenkt, dass ein Bundesbürger heute (1999) im Durchschnitt täglich 4 Stunden fernsieht, dann muss man sich tatsächlich fragen, ob es nicht besser wäre, nur auf ein paar Minuten Fernsehen zu verzichten und sich Zeit zum Lesen zu nehmen.

Um es einmal ganz plakativ zu sagen: Ich glaube, dass Menschen die lesen, "bessere" Menschen sind.

Selbstverständlich ist es nicht gleichgültig, was man liest, wenn jemand aber Literatur liest, dann tut er sich damit sicher viel Gutes.

Dazu noch ein Wort. In unserer so verkopften Zeit und auch geprägt von unserem Schulsystem, sind viele Menschen hinsichtlich der Wahrnehmung von Literatur fehlgeleitet. Ich möchte das an dieser Stelle nicht weiter ausführen, eines aber scheint mir wichtig: zu lesen bedeutet, sich etwas zu gönnen (das ist ja sehr im Sinne des Zeitgeistes) und etwas nur für sich zu tun. Ich halte diese Art von

Selbstpflege für sinnvoller, als Bräunungsstudios, Fitness-Center und Fußpfleger (so notwendig diese manchmal sein mögen!) aufzusuchen.

Freilich: lesen ist etwas Egoistisches, denn man begibt sich in eine Welt, die man mit einem anderen nicht teilen kann. Aber zugleich ruft das Lesen ja auch immer wieder in die innere Begegnung mit den Gestalten, die einem in der Literatur begegnen.

Lesen ist schön und wer liest, der gönnt sich etwas sehr Schönes. Wohlgemerkt: mir geht es mit dieser Homage aufs Lesen um Literatur.

Einmal abgesehen davon, dass man sicher nicht alles "Literatur" nennen kann, was man heute so in den gängigen Zeitschriften (auch den politischen!) auf der Liste der Top-Ten findet, so möchte ich hier vor allen Dingen die klassische Literatur von den Fachbüchern trennen.

Es gibt heute durchaus viele Menschen, die viel lesen und unsere wissenschaftsgläubige Zeit verlangt es ja auch, dass man selbst in der Freizeit noch "Bildungslektüre" liest, aber ein Mensch – und sei er noch so gebildet – der lediglich täglich die Zeitung oder irgendwelche Fachbücher liest, der betrügt sich selbst um den Tiefgang, den nur die echte Literatur schenken kann. Denn nur die Literatur hilft, Herz und Kopf wieder in Einklang zu bringen.

Das alles mag hart klingen. Aber ich möchte an dieser Stelle (und nur an dieser!) nicht die

Chance auslassen, wieder die Freude am Lesen zu wecken und wäre froh, wenn jemand nicht weiter als bis hierher lesen würde, dann dieses Buch aus der Hand legen und statt dessen ein gutes Stück Literatur zur Hand nehmen würde.

Was hat das mit Sprache, mit Kommunikation und jenem "miteinander reden", von dem das Folgende vorwiegend handelt, zu tun?

Die Antwort liegt auf der Hand: die Sprache – auch die gelesene – formt den ganzen Menschen.

Damit sind wir beim Folgenden: Sprache ist mehr als nur Worte.

1.2. Sprache - mehr als nur Worte

Die Sprache ist jedoch längst nicht das einzige Mittel, mit dem sich ein Mensch ausdrücken kann. Mimik, Gang, Kleidung, Aussehen der Fingernägel, Bart, Haare usw. sind einige solcher Ausdrucksmöglichkeiten.

Ich konnte selbst einmal am eigenen Leibe erfahren, wie Recht Gottfried Keller hat, wenn er sagt »Kleider machen Leute«. Als die Mutter eines Freundes starb und ich zu ihrer Beerdigung fuhr, zog ich meinen zugegebenermaßen nicht mehr ganz unverschlissenen schwarzen Anzug an. Auf dem Weg zur Trauerfeier holte ich noch Freunde ab. Diese entsetzten sich, mit mehrfachen Hinweisen auf die Eleganz der Familie, über meinen Aufzug und liehen mir von ihrem Vater einen feinen englischen Cut.

Nach der Beerdigung gingen wir in das Anwesen der Verstorbenen, wo es im Garten einen kleinen Imbiss gab. Dort waren nur die engsten Freunde und Verwandten versammelt. Alle waren vornehm gekleidet. Da die Kleidung verriet, dass man »unter sich« war, wurde wie selbstverständlich jeder »geduzt«. Der Cut hatte mich in einen Kreis integriert, in den ich ohne ihn nie gestoßen wäre. Die Kleidung war ein Ausdruck geworden, den andere verstanden und auf den sie reagierten.

Ich arbeitete einige Zeit bei geistig und körperlich behinderten Kindern in der Nähe von Paris. Dort konnte man Ausdrucksmöglichkeiten kennenlernen, die normalerweise kein Mensch versteht.

Ivan, ein körperlich und geistig sehr stark behindertes Kind war ganzkörperlich gelähmt, er konnte nur den Kopf ein wenig zur Seite bewegen aber nicht sprechen. Diese geringe Bewegungsmöglichkeit war sein einziges Ausdrucksfeld. Um nun Menschen seine Freundschaft auszudrücken, hatte er eine Erfindung gemacht, die wir alle dann verstanden: er ließ aus dem zur Seite geneigten Kopf den Speichel herausfließen. Das war für ihn so, als wenn er sagen würde: "Ich mag Dich", oder "Ich vertraue Dir".

Man muss die Ausdrucksmöglichkeiten und Ausdrucksmittel der Menschen kennen, um ihnen begegnen zu können.

Die häufigste Ausdrucksform ist die Sprache. Aber sie ist zugleich die komplizierteste, die schillerndste und formenreichste Möglichkeit, sich auszudrücken. Die Sprache ist ein komplexes Phänomen. Zu ihr gehören nicht nur das gesprochene Wort und die Präzision im Ausdruck, sondern auch das Hören, das Sehen, die Mimik, der Tonfall der Stimme, die Sprechgeschwindigkeit usw.

Als ich anfing, im Radio Morgenandachten zu halten, hatte ich ein wortwörtlich ausgearbeitetes Manuskript, das ich vorlas. Die zurückhaltendste und zugleich zerschmetterndste Kritik an meinen ersten Ansprachen war: "Man hört, dass Du abliest". Erst als ich dazu überging, entsprechende Manuskripte nur in Stichworten zu verfassen, wurden die Ansprachen lebendig, obwohl sie sprachlich nicht mehr so fein abgestimmt und passend waren.

Man hörte Pausen, merkte das Suchen nach Wörtern und Ausdrücken, und es gab Wiederholungen. Gerade dadurch konnte weniger Inhalt in der dreiminutigen Sendezeit untergebracht werden, aber offenbar - und die Hörerzuschriften belegen es - wirkte das so gesprochene Wort mehr als das abgelesene.

Sprache ist mehr als Artikulation, ist mehr als gesprochenes Wort. Sprache ist mehr als eine Möglichkeit der Begegnung. Sprache, das ist eine Welt, ein Universum. Die Sprache ist ein Kosmos: ein Ausdruck der Person, ihres Denkens, Fühlens und Wollens. Sprache, das ist Atmosphäre, Leben, Bewegung. Sprache ist nicht das notwendige Übel für allgemeine Verständigung, ein Notbehelf, dessen man sich gezielt bedient. Die Sprache, mit ihrem Rhythmus, ihrem Fluss, ihrer Melodie - man muss sie lieben, muss von ihr hingerissen werden, muss von ihrer Gewalt gespürt haben, muss ihre kosmische Kraft atmen.

Indem ich diese Zeilen schreibe merke ich schon, wie ich weit über die Sprache hinausgehe. Die Sprache selbst hatte mich ergriffen. Die letzten Sätze über die Sprache sind nicht nur Sätze. Sie sind ein Hymnus. Machen wir gleich zu Beginn dieses kleine Experiment und geben den Sätzen eine andere Form:

*Sprache
ist mehr als Artikulation,
ist mehr als gesprochenes Wort.
Sprache ist mehr als eine Möglichkeit
der Begegnung.*

*Sprache,
das ist eine Welt, ein Universum.
Sprache ist ein Kosmos:
ein Ausdruck der Person, ihres Denkens,
Fühlens und Wollens.
Sprache, das ist Atmosphäre, Leben,
Bewegung.*

*Sprache ist nicht
das notwendige Übel
für allgemeine Verständigung,
ist nicht ein Notbehelf,
dessen man sich gezielt bedient.*

*Die Sprache,
mit ihrem Rhythmus,
ihrem Fluss,
ihrer Melodie - man muss sie lieben.*

*muss von ihr hingerissen werden,
muss von ihrer Gewalt gespürt haben,
muss ihre kosmische Kraft atmen.*

Nur durch eine andere Form ist aus den Sätzen über die Sprache so etwas wie ein Gedicht geworden. Das, was als reine Prosa ein wenig überzogen wirkt, gewinnt durch die veränderte Gestalt an aussagefähigem Gehalt. Aber zugleich sind die Sätze ein für alle Mal festgelegt. Sie sind zur geschriebenen Sprache geworden. In dieser Form kann man sie eigentlich nicht mehr hören. Zur Sprache aber gehört das Schreiben, das Lesen und das Sprechen.

Lesen wir diesen letzten Satz noch einmal: Zur Sprache aber gehört das Schreiben, das Lesen und das Sprechen.

Beim zweiten Lesen fällt möglicherweise auf, was man sonst überliest. Streng genommen ist der Satz nicht präzise, denn in ihm steht mit »gehört« und »hören« zweimal das gleiche Wort. Beide haben denselben Stamm und »gehören« - schon wieder! - zu der indogermanischen Wurzel keu[s], was bedeutet: auf etwas achten, merken, bemerken; in ihm steckt auch das lateinische »cavere«, wovon auch »Kaution« abgeleitet ist. Jemandem eine Kaution abzunehmen heißt, mittels dieser Kaution auf irgendetwas »achten« zu wollen. Cavere, der lateinische Stamm, heißt: »sich in acht nehmen«. dass »cavere« und »keus« wiederum zusammengehören kann man nur spüren, wenn man beide Wörter laut ausspricht. Etymologisch hat sich das »e« von keus zu einem »a« gewandelt. Das liegt daran, dass Vokale für die Sprache eigentlich nicht wichtig sind. Die geschriebene hebräische Sprache, ebenso wie fast alle orientalischen Sprachen, kommt ganz ohne Vokale aus.

Auch die osteuropäischen Sprachen sind wesentlich vokalärmer, was uns oft ziemliche Aussprachschwierigkeiten macht (in dem langen Wort Scheffczyk, was Schuhmacher heißt, sind nur zwei Vokale). Also kann man statt "keus" auch "kaus" sprechen. "U" und "V" wiederum sind im Lateinischen die gleichen Buchstaben[1]. So kann man schließlich statt "kaus" auch "cavs" sagen. Da die Verben im Lateinischen nun nicht mit "-s", sondern teilweise mir "-ere" enden, lautet dann "keus" im Lateinischen "cavere" und bedeutet genau dasselbe.

Wollte man also, nach der Herkunftsklärung des Wortes "gehören", den Satz noch einmal und präzise sagen, so müsste er nicht heißen: "Zur Sprache aber gehört das Schreiben, das Lesen und das Sprechen" - sondern: "Die Sprache achtet auch auf das Schreiben, das Hören und das Sprechen".

Nun sieht man an diesem Beispiel, dass es kaum unserem heutigen Sprachgebrauch entspricht. Wollte man das Wort "gehört"« vermeiden, so müsste der Satz heißen: Die Sprache beinhaltet auch das Hören, Schweigen und das Sprechen.

---

[1] Beispielsweise ergibt nur die Gleichheit von "u" und "v" für den Spruch: "Der macht mir ein X für ein U vor" im Lateinischen einen Sinn. Eigentlich müsste der Spruch heißen: "Der macht mir ein X für ein V vor", denn X ist die Zahl 10 und V die Zahl 5. Macht mir jemand eine 10 für eine 5 vor, dann täuscht er über den tatsächlichen Wert.

1.2.1. Schreiben oder sprechen?

Während meiner Studentenzeit in Freiburg wohnte ich mit fünf Kommilitonen in einer Wohnung. Wir kannten uns alle nicht gut, da die Zimmer einzeln vermietet wurden. Hin und wieder traf man sich in der Küche oder auf dem Gang. Natürlich gibt es, wenn sechs Junggesellen eng aufeinander sitzen immer wieder Missverständnisse und Reibereien.

Eines Tages fand ich, nach irgendeiner kleinen Meinungsverschiedenheit, einen Brief meines direkten Zimmernachbarn vor. Hier waren sachlich die Reibepunkte aufgezählt und in nüchterner Form behandelt. Ohne weitere Erklärungen, Ausschweifungen, Beschuldigungen oder Entschuldigungen stand als letzter Satz auf diesem Brief: "Wir sollten uns alle bemühen, dass so etwas nicht mehr vorkommt".

Natürlich war ich zunächst entsetzt, dass mein eigener Zimmernachbar nun schriftlich mit mir verkehrte. Wenige Tage später sprach ich ihn an und fragte, ob man über den Vorfall - der so gering war, dass ich mich heute an ihn nicht mehr erinnere - nicht auch einfach hätte sprechen können, statt gleich auf die schriftliche Kommunikationsebene zu wechseln. Seine Antwort habe ich bis heute nicht vergessen: "Über bestimmte Dinge kann man besser schreiben als sprechen".

Wohl kein Thema ist so oft literarisch verarbeitet wie die Liebe. In Prosa, in Romanen, in

Kurzgeschichten, in Hymnen füllt das Thema "menschliche Liebe" Bände, ja Bibliotheken. Möglicherweise liegt all diesen Schriften dieselbe Ansicht zugrunde: man kann über die Liebe besser dichten als sprechen.

Es gibt Schriftsteller, die nahezu einen pathologischen Zwang haben, sich schriftlich auszudrücken; alles, was ihnen im Leben geschieht, muss niedergeschrieben werden. Man fragt sich manchmal, warum so große Autoren wie Thomas Mann oder Stefan Zweig, nachdem sie Stunde um Stunde am Schreibtisch saßen, noch die Geduld hatten, ellenlange Tagebücher zu verfassen. Eine Antwort ist wohl, dass sie sich schriftlich am besten und vollkommensten ausdrücken konnten.

Und auch hier gibt es wieder unterschiedliche Schwerpunkte. Stefan Zweig beispielsweise schrieb zu Beginn seines dichterischen Schaffens Gedichte. Diese aber ließ er nie wieder auflegen, ja, in seiner Autobiographie gibt er zu, dass er sich dieser ein wenig schäme. Die letzten vierzig Jahre seines Leben schrieb er nur noch Biographien, Romane und Erzählungen.

Der Literaturkritiker und frühere Chefredakteur des Feuilletons der Frankfurter Allgemeinen Zeitung, Marcel Reich-Ranicki, wurde einmal von Journalisten gefragt, warum er selbst kein literarisches Buch geschrieben habe, obwohl er doch als einer der belesensten westlichen Kritiker gelte. Sein Antwort war kurz: "Ich kann es nicht".

Aber auch das Umgekehrte gilt: manche Dinge lassen sich besser mündlich formulieren als schriftlich. Das Schriftliche wirkt ehern, unumstoßbar, eindeutig. Das Mündliche ist offen, variierbar, dynamisch. Manche Menschen haben geradezu die Macht des gesprochenen Wortes.

Über den Gründer der Freiburger Pädagogischen Hochschule, den Philosophen Gustav Siewerth, berichtet man, dass er die Gabe hatte, hunderte von Zuhörern zu fesseln. In seinen Vorlesungen muss es so still gewesen sein, dass man eine Stecknadel hätte fallen hören können. Seine Bücher jedoch werden kaum gelesen. Es scheint, als habe dieser große Philosoph mit seinem Ableben auch seine Wirkung auf die Menschen verloren.

Es gibt Menschen, denen ist eine schriftliche Prüfung ein Greuel. Wenn sie etwas schriftlich fixieren müssen, dann drehen und wenden sie sich hin und her, streichen, verbessern und überarbeiten, so dass sie nicht fertig werden und immer das Gefühl haben, etwas vergessen oder zu verkürzt dargestellt zu haben. In mündlichen Prüfungen hingegen fühlen sie sich sicherer, können spontan antworten, auf das Gegenüber reagieren.

Das gesprochene Wort fordert den Geist anders als das geschriebene. Wer spricht, ist lebendig. Er muss schnell reagieren können, muss eine Fülle von Daten und Fakten im Kopf haben und in Bruchteilen von Sekunden entscheiden, welche dieser Fakten er verbalisiert.

Diese wenigen Gedanken über die Unterschiede von gesprochenem und geschriebenem Wort zeigen bereits wesentliche Unterschiede auf. Zu einem Teil ist die Gabe, sich in der einen oder anderen Weise gut auszudrücken, angeboren, zu einem Teil geht sie auf frühe Kindheitsprägungen zurück, zu einem guten Teil aber lässt sie sich erlernen.

1.2.2. Sehen oder hören?

Wer über Sprache und Sprechen nachdenkt, der muss auch über das Hören nachdenken, denn zum Sprechen gehört wesentlich das Hören, hört doch der Sprechende zumindest sich selbst. Wer sich selbst nicht hört, der kann auch nicht sprechen.

Taube Menschen, die nie haben hören können, erlernen das Sprechen schwer. Da sie es jedoch (bedingt) können, zeigt, dass der Mensch auch andere Aufnahmemöglichkeiten außer dem Ohr hat. Dennoch ist für die verbale Sprache das Ohr primäres Lernorgan. Ein Tauber, der gut sprechen kann, ist erst im Laufe seines Leben ertaubt. Von Geburt an taube Menschen erlernen das gesprochene Wort kaum. Sie müssen sich größtenteils nonverbal unterhalten. Sie müssen andere Möglichkeiten des Ausdrucks wählen, mit der Artikulation von Lauten haben sie Schwierigkeiten.

Es sei an dieser Stelle an das grausame Menschenexperiment Friedrichs des Großen erinnert. Dieser hatte einige Kinder direkt nach der Geburt isolieren und ohne Sprache aufwachsen lassen. Das Pflegepersonal durfte mit den Kleinen keinen Ton reden. Nach kurzer Zeit sind alle diese Kinder gestorben, obwohl sie ausreichend mit Nahrungsmitteln versorgt wurden. Sie sind nicht verhungert oder erstickt, sondern waren psychisch nicht lebensfähig, weil sie keine Zuwendung erfuhren, und keinen hatten, der ihnen zuhörte, oder sie die Sprache lehrte. Wir werden später auf diese Unterschiede noch näher eingehen.

Kommen wir zunächst auf die Eingangsproblematik, wo es um das gesprochene oder das geschriebene Wort ging, zurück. Die Psychologie nämlich unterscheidet bei den beschriebenen Typen zwischen visuellem und akustischem Typ.

Die visuellen Typen sind diejenigen, die den größten Teil der Informationen mit den Augen wahrnehmen. Hierzu gehört dann nicht nur das Lesen, sondern ebenso das Wahrnehmen von Bildern. Ihr Gedächtnis ist visuell, d.h. sie können ein Gedicht aufsagen und sehen vor ihrem geistigen Auge noch nach Jahrzehnten die äußere Gestalt des Gedichtes so, wie die Lernvorlage war. In der Schule kann man es häufig erleben, dass Schüler ganz genau wissen, auf welcher Seite im Buch etwas steht, sie können aber den Inhalt nicht wiedergeben.

Dieser Fähigkeit habe ich einige gute Englischzensuren zu verdanken: wenn mir eine Vokabel entfallen war, dann wusste ich genau, wo sie im Lehrbuch stand und fand sie sekundenschnell unter der Bank. Die visuelle Lernfähigkeit wird bei Kindern zum Beispiel durch das bekannte Spiel "Memory" geübt. Ich kenne einen (über dreißigjährigen) Mann, der ein ausgesprochen visueller Typ ist und dieses Spiel über alles liebt.

In seiner erstaunlichsten Form kann man den

visuellen Lerntyp bei Schachspielern erleben. Diese haben die Fähigkeit, an mehreren Tischen gleichzeitig zu spielen, sie laufen immer im Kreis herum, erblicken in einem einzigen - man möchte fast sagen zeitlosen - Moment das Spiel, setzen ihre Figur, lassen den Gegner den nächsten Zug überlegen, während sie selbst schon an den nächsten Tisch gewechselt haben.

Ich hatte einmal in Hamburg die Möglichkeit, einem solchen "Schachprofi" zuzusehen, meistens kam er schon wieder an den Tisch, wenn ich die Situation noch gar nicht recht überblickt hatte. In Extremfällen können zwei geübte Schachspieler im Kopf Schach spielen, indem sie sich alle Figuren und Positionen - natürlich auch die des Gegners - einprägen.

Da dies ein Buch über Sprache ist, sei diese Fähigkeit von Schachspielern in anderer sprachlicher Form wiedergegeben:

Ein Mensch sitzt da, ein schläfrig trüber,
ein andrer döst ihm gegenüber.
Sie reden nicht, sie stieren stumm.
Mein Gott, denkst Du, sind die zwei dumm!
Der eine brummt, wie nebenbei
ganz langsam: T c 6 - c 2.
Der andre wird allmählich wach
und knurrt: D - a3 - g3: Schach!
Der erste, weiter nicht erregt,
starrt vor sich hin und überlegt.
Dann plötzlich, vor Erstaunen platt,
seufzt er ein einzig Wörtlein: Matt!

*Und die Du hieltst für niedre Geister,
erkennst Du jetzt als hohe Meister.*

(Eugen Roth)[2]

Dieses humorvolle Gedicht von Eugen Roth zeigt im Vergleich zur beschreibenden Prosa, warum ein Gedicht Gedicht heißt: es ist verdichtete Sprache. Will man den Inhalt eines Gedichtes erzählend wiedergeben, so braucht man auf jeden Fall das Mehrfache an sprachlichem Aufwand dafür.

Sprachlich betrachtet ist das Faszinierende eines Gedichtes die Präzision der Wörter, also dass ein Wort genau das wiedergibt, was man sagen will.

Viele Musiker sind visuelle Typen, obwohl man annehmen könnte, dass Musik über das Gehör wirke und es Methoden gibt (vor allem in Japan), das Musizieren ohne Noten zu erlernen. Die Musik ist zunächst die Kunst des Lesens. Aus diesem Grunde lernen Menschen eher ein Instrument zu spielen, wenn sie älter sind. Einem Kind bereits das Musizieren beizubringen, wenn es noch nicht lesen kann, ist eine ausgesprochen mühselige Angelegenheit. Die Noten werden zumeist in Farben umgeschrieben, damit eine gewisse Einprägbarkeit gegeben ist.

In seiner negativen Form ist ein visueller Typ jemand, der stundenlang vor dem Fern-

---

[2] Eugen Roth, Mensch und Unmensch – heitere Verse, München 1948, 22.

seher hockt und nachher noch genau weiß, was er alles gesehen hat. In dieser Form wird der Geist stumpf. Ohnehin sind visuelle Typen eher ungesellige Menschen, die gerne für sich alleine sind, nicht viel reden, Diskussionen vermeiden, sich selbst beschäftigen können.

Auditive Typen hingegen nehmen die Informationen größtenteils über das Gehör auf. Ich kenne eine junge Frau, die Gedichte und Lieder in deutscher, englischer und französischer Sprache auswendig aufsagen kann, sobald sie diese einmal aufmerksam gehört hat. Setzt man sie jedoch vor einen Gedichtband, dann hat sie erhebliche Mühe, etwas auswendig zu lernen. Beim Aufsagen fehlen immer wieder Verse, die sie nur akustisch ergänzt, wenn sie weiß, auf welches vorhergehende Wort sich welches Wort reimt.

Ein auditiver Lerntyp (mit Lernen ist hier jede Art von geistigem "Speichern" gemeint) ist stark nach außen gerichtet. Ähnlich wie visuelle Typen Bilder brauchen und deshalb gerne fernsehen, benötigt der auditive Typ immer irgendwelche akustische Vergegenwärtigung. Die absolute Stille ist ihm unheimlich. Er liebt es zu sprechen, mit anderen zu reden und zu diskutieren. Diese Außenwelt ist auch in seinem Kopfe. Wenn er alleine ist, kann er stundenlange Diskussionen mit anderen Menschen im Kopf durchspielen, ähnlich wie visuelle Typen Schach im Kopfe spielen. Er kann in solchen geistigen Rekonstruktionsphasen von vergangenen Gesprächen diese fast wörtlich wiederholen, erinnert sich an Argumente, Betonungen und Wortwahl. Kaum hingegen erinnert er sich daran, wie die einzelnen Gesprächspartner gekleidet waren.

Ein mir bekannter Musiker ist eher ein auditiver Typ: wenn er keine Musikanlage greifbar hat, dann kann er die Augen schließen und eine ganze Symphonie auswendig hören. Ein ähnliches Phänomen ist die klangliche Vorstellung bei Musikern, die beim Lesen einer Partitur die Musik "hören".

Eugen Roth beschreibt in einem anderen Gedicht auch den auditiven Typ. Er prallt auf einer vollen Straße - diese ist "prallvoll" - mit einem jungen Mädchen zusammen, der Augenblick überrumpelt ihn so sehr, dass er keinen Ton herausbekommt, abends nun liegt er im Bett, wo er diese Situation vor seinem geistigen Auge wiederholt und überlegt, wie er besser hätte reagieren können. Das liest sich dann so:

Ein Mensch, der beinah mit Gewalt,
auf ein sehr hübsches Mädchen prallt,
ist ganz verwirrt, er stottert, stutzt,
und lässt den Glücksfall ungenutzt.
Was frommt der Geist, der aufgespart,
löst ihn nicht Geistesgegenwart?
Der Mensch übt nachts sich noch im Bette,
wie strahlend er gelächelt hätte.[3]

Die Grenze des auditiven Typs ist zugleich seine Stärke: die Geselligkeit. Er liebt es in

---
[3] Ebd. 38

Gemeinschaft zu sein, zu reden und hört (leider) auch oft sich selber gerne reden. Extrem auditive Typen "verpulvern" beim Reden keine Energie, sondern erzeugen sie. Daher rührt das Phänomen, dass ein auditiver Typ, zum Erstaunen seiner Zuhörer, stundenlang "powern" kann. Erst nach einem langen Vortrag entsteht bei ihm eine positive Erschöpfung, wie bei Sportlern nach großer körperlicher Anstrengung.

So sehr nun diese beiden Grundcharaktere im Menschen vorhanden sind, man kann sie auch erlernen. Unzählige Psychofaktoren bestimmen das Vorherrschen des einen oder des anderen Typus.

Ein Bekannter von mir meinte jahrelang, ein visueller Typ zu sein. Tatsächlich war er immer sehr still und beteiligte sich wenig an geselligen Gesprächen. Wenn es hingegen darum ging, etwas anzuschauen, oder irgendetwas Visuelles zu erarbeiten - beispielsweise einen Bauplan für ein neues Haus - dann entwickelte er ungeahnte Energien. Im Laufe der Zeit jedoch stellte sich heraus, dass er diesbezüglich eigentlich einer Täuschung unterlag. Er hielt sich für visuell, weil er akustisch wenig lernte. Als er von zuhause auszog und auf eigenen Füßen stand, änderte sich dies spontan. Er wurde beredt, fand viele Freunde, liebte die Geselligkeit.

Folgendes war der Grund: sein Vater war eine ausgesprochen dominierende Persönlichkeit. Er herrschte zuhause wie ein Patriarch, und wenn er sprach oder seine Meinung äußerte, dann durfte ihm nicht widersprochen werden. Schon als Kind hatte er sich daran gewöhnt, dass es völlig nutzlos war, sich mit dem (Über-)Vater auf Gespräche einzulassen. Also verlegte er sich auf das Schauen. Erst als der Druck des Elternhauses nicht mehr auf ihm lastete und er merkte, dass die häusliche Kommunikation keineswegs die einzige Form ist, in der man miteinander sprechen kann, entwickelte er auch seine auditiven Fähigkeiten.

In einer Familie, in der viel gesprochen wird, werden Kinder oft überfordert. Sie sind es leid, über alles erdenklich Problematische zu reden und zu diskutieren. Sie ziehen sich zurück und flüchten sich in die Welt der Bilder, die man einfach betrachten kann, weil sie aus sich sprechen.

Andererseits gibt es Menschen, die allabendlich auf die Mattscheibe starren, als einzig mögliche Begegnungsform . Sie werden visuell überfüttert. Diese Übersättigung führt zu einer Protesthaltung, die die auditive Informationsaufnahme bevorzugt fördert.

Man kann eigentlich nicht sagen, wann eine bestimmte Anlage so ausgebildet ist, dass sie für das ganze Leben nutzbar bleibt. Der Mensch wächst mit der Aufgabe und mit der Verantwortung. Jemand, der in einem Betrieb aus untergeordneter Stellung in eine gehobenere Position aufsteigt, wird in dem Maße seinem eigenen gesprochenen Wort vertrauen, in dem er dessen Tragweite erkennt.

Jeder weiß, wie problematisch solche Schematisierungen sind. Sie sollen auch hier nicht zu weit getrieben werden. Im Idealfall ist sowohl die visuelle als auch die akustische Lernfähigkeit gleichstark ausgeprägt.

Der Mensch braucht auch beide Wahrnehmungsmöglichkeiten, weil ihm sonst vieles von der Welt verschlossen bliebe.

1.2.3. Hören oder reden?

Obwohl nun sowohl die akustische als auch die visuelle Aufnehmensweise als Sinneswahrnehmungen gleichwertig sind, haben sie doch eine unterschiedliche Gewichtung.

Gewichtiger nämlich ist die akustische Aufnehmensweise, also die des Hörens und Sprechens. Warum?

Schon biologisch betrachtet ist das Hören - und somit das Sprechen - eine Sinneswahrnehmung, die allen anderen übergeordnet ist. Man kann wegsehen, kann sich die Nase zuhalten, kann den Tastsinn ausschalten, wer sich schon einmal im wahrsten Sinne des Wortes die Zunge verbrannt hat, wird wissen, dass man auch den Geschmackssinn töten kann, das Hören kann man nicht einfach abstellen.

Zwar sagen wir umgangssprachlich: "Das überhöre ich", oder "Ich höre gar nicht hin", oder "Höre doch einfach weg" - aber so einfach ist das nicht. Nichts dringt mehr auf den Menschen ein, als die Schwingungen der Luft und diese kann man nicht abhalten. Es ist für Menschen, die hören können, nahezu unbegreiflich, dass taube Menschen Musik "hören" können. Sie spüren die Schwingungen - und meist spüren sie diese stärker als ein Mensch, dessen Hörsinn voll funktionsfähig ist.

Man hat in den siebziger Jahren in Amerika einen Test über das Gehör gemacht, der wie folgt aussah: An verschiedenen Stellen des Körpers wurden Nervenströme gemessen, die Detektoren waren von Kopf bis Fuß über den Körper verteilt. Nun ließ man diesen Menschen etwas intensiv anschauen, ließ ihn tasten, riechen, schmecken - die Geräte schlugen nicht an. Erst beim Hören konnte man messbare Nervenströme in allen Körperbereichen feststellen.

Ich habe jahrelang in einem Kurort im Schwarzwald gearbeitet, in dem vor allen Dingen Augenerkrankungen behandelt werden. In die Sprechstunden kamen immer wieder Menschen mit Sehbehinderungen. Aus verschiedenen Gründen - meistens aus Altersgründen - litten viele von ihnen auch unter Störungen des Gehörs. Übereinstimmend sagten sie mir, dass der Verlust des Augenlichtes oder die erhebliche Reduktion der Sehkraft nicht so schlimm sei wie der Verlust des Gehörs.

An einem Morgen kam ein Herr in mittlerem Alter zu mir in die Sprechstunde. Er wurde an den Augen klinisch behandelt. Sein Leiden war schrecklich: wegen einer schnell voranschreitenden Viruserkrankung beider Augen war er vor wenigen Monaten innerhalb von fünf Stunden völlig erblindet. Ich selbst wusste nicht recht, was ich ihm raten sollte, aber er gab - meine Peinlichkeit erkennend - sich selbst die Antwort: "Herr Pater, so lange ich noch hören kann und in Verbindung mit der Welt stehe, ist es ja noch nicht so schlimm."

Das Auge lässt sich täuschen, Farben hängen von Lichtbrechungen ab. Schauen wir durch ein Fernglas, so unterliegen wir der optischen Täuschung, das Objekt sei nahe dran; das Militär kann durch Infrarotferngläser bei finsterster Nacht alles "taghell" erkennen. Das Ohr lässt sich zwar auch täuschen, aber weniger das (ganzkörperliche) Hören. Der Mensch hört, wie das oben beschriebene Experiment zeigt, mit dem ganzen Körper und sehr vielen Sinnen.

Von Taubstummen wird berichtet, dass sie gerne Musik hören. Wie soll das gehen?

Die Schallwellen dringen auf den Körper ein und vermitteln Nervenreize. Je nachdem, wie der Reiz wirkt, empfindet auch ein Tauber Musik entweder als beruhigend, oder als aufreizend und aggressiv.

1.2.4. Links oder rechts?

Es mag ungewöhnlich erscheinen, in einem Buch über Sprache ein Kapitel über Rechts- und Linkshänder vorzufinden. Und in der Tat habe ich - als Linkshänder - lange überlegt, ob ich es aufnehmen soll. Aber mir scheint es für das Wissen über die Sprache, und darum geht es ja in diesem Kapitel, wichtig zu sein.

Die Anthroposophie Rudolph Steiners geht davon aus, dass das Kind durch die Bewegung der Finger die Bildung der Gehirnwindungen beeinflusst. Deshalb legt die anthroposophische Pädagogik so großen Wert auf die Handarbeit im Kindergarten und in der Schule. Unabhängig davon, wie richtig Steiners Auffassung letztendlich ist, wurde einiges davon inzwischen wissenschaftlich nachgewiesen. Vor allen Dingen die Bedeutung des Gehirns für die Sprache. Und damit sind wir beim Thema.

Linkshänder sind anders. Der Grund dafür liegt an den Gehirnhälften. Das heißt, der Rechtshänder benutzt vorzüglich die linke Gehirnhälfte, der Linkshänder die Rechte. Grob gesprochen liegt in der linken Gehirnhälfte neben dem Sprachzentrum die Fähigkeit zum logischen Denken und der Optimismus, in der rechten die intuitive Wahrnehmung und der Pessimismus. Die Gehirnhälften wirken über Kreuz: die linke Gehirnhälfte dominiert beim Rechtshänder, die rechte beim Linkshänder.

"Man kann sich das also so vorstellen: Rechtshänder sind kühle Analytiker, Linkshänder dagegen schwermütige Schöngeister... Der Rechtshänder wäre auf logisches Denken spezialisiert. Seine Lieblingsbeschäftigung bestünde im Benennen und Einordnen, Aufräumen, Ordnung schaffen, Übersichtspläne erstellen...

Aus ihrer Sicht (der der Rechtshänder) sind Linkshänder ganz merkwürdige Figuren, sie wirken immer ein bisschen verträumt, ganz liebenswert vielleicht, aber auch chaotisch".[4]

Und da die Welt eine Welt der Rechtshänder ist, findet sich ein Linkshänder in ihr nur schwer zurecht. Nicht nur, dass Schere, Nähmaschine, Bohrmaschine, kurz alles, was man "zur Hand nehmen" muss, für Rechtshänder ist, sondern auch die Sprache ist für Linkshänder verdreht. Viele von ihnen vertauschen Anfangsbuchstaben; da heißt dann der ehemalige Bundeskanzler "Kelmut Hohl", das statistische Bundesamt ist ein "buddhistisches Standesamt", der Platzteller ein "Tatzpeller" und Geislingen an der Steige ist "Steislingen an der Geige".

So witzig das klingen mag - viele Linkshänder machen aus dieser Not später eine Tugend, so dass sie oft zu Wortspielen neigen - es hat einen Grund (für die Erforschung dieser

---

[4] Nora Babel, Verkehrte Welt – oder Leider der Linkshänder, in: Frankfurter Allgemeine Magazin vom 15. März 1991, 46-62, 58.

Gründe erhielt der Gehirnforscher Roger W. Sperry 1991 den Nobelpreis).[5]

Der Linkshänder blickt intuitiv in die Richtung seiner dominanten Gehirnhälfte, also nach rechts. Das wirkt sich auch auf die Sprache aus, denn er liest bereits den weiter rechts stehenden Buchstaben, während er das links stehende Wort noch gar nicht ausgesprochen hat. So kommen dann die Silbenverdrehungen zustande.

Die Forschung von Sperry hat ergeben, dass die linke Gehirnhälfte für bestimmte Eigenschaften zuständig ist und die rechte für andere. Bei Rechtshändern, deren linke Gehirnhälfte dominant ist, sind folgende Eigenschaften primär:

- verbal
- syntaktisch
- linear
- sequentiell
- analytisch
- logisch
- symbolisch
- zeitlich
- digital.

---

[5] Dieses Forschungsergebnis basiert auf der Untersuchung von Augenbewegungen bei lesenden Linkshändern: man konnte nachweisen, dass die Augen bei den meisten von ihnen in minimalen Bewegungen hin und her flimmern: sie gleiten von dem Wort, das gerade gelesen wird, leicht nach rechts, also in Richtung der starken Gehirnhälfte, und springen wieder nach links auf das Wort zurück.

Die rechte Gehirnhälfte, die bei Linkshändern dominant ist, ist hingegen zuständig für Eigenschaften wie:

- nonverbal
- ganzheitlich
- global
- simultan
- synthetisch
- intuitiv
- konkret
- nichtzeitlich
- räumlich.

Bei umgewöhnten Linkshändern kann sich nun zweierlei ergeben. Da in Wirklichkeit ihre rechte Gehirnhälfte die dominante ist, wird diese durch die Umerziehung zum Rechtshänder gehemmt oder überlagert. Das führt dann oft zu Störungen im Bindeglied zwischen den Gehirnhälften (dem sogenannten corpus callosum). So kommt es zu merkwürdigen Behinderungen der Gedächtnisleistung. Zu Situationen etwa, in denen der Betroffene zwar weiß, dass er etwas weiß, es aber nicht mitteilen kann. Und je höher seine Intelligenz ist, desto stärker leidet er unter diesen Gedächtnis-Pannen, die natürlich vorzugsweise in Prüfungssituationen auftreten.[6]

Oder aber, die Umerziehung zum Rechtshänder hat einen Ausgleich der beiden Gehirnhälften zur Folge und somit eine hohe

---

[6] Vgl. ebd. 52.

Intelligenz mit gleichzeitiger Intuition. Umerzogene Linkshänder können mitunter hervorragend kombinieren und sind doch keine kühlen Analytiker, sie sind zugleich logisch und doch intuitiv, symbolisch und doch konkret, zeitlich und nichtzeitlich orientiert. Sie können Widersprüchliches stehen lassen, mit Gegensätzen leben und führen oft ein Leben, das aus lauter Gegensätzen besteht, die ein (normaler) Rechtshänder kaum verkraften würde; denn weil die rechte Gehirnhälfte alles mehr intuitiv erfasst und dabei gleichzeitig verschiedene Dinge in einem ganzheitlichen Denken integrieren kann, muss auch nicht alles unbedingt immer ganz streng logisch sein.

Das prägt auch die Sprache und ihren Gebrauch. Beim Ausgleich beider Gehirnhälften kann das aktive Vokabular sehr groß sein, es umfasst dann sowohl die poetischen als auch die analytischen Wörter. Umerzogene Linkshänder können zugleich romantische Poeten und stringente Wissenschaftler sein. Goethe war Linkshänder, Leonardo da Vinci, Napoleon, Mozart und Beethoven, ebenso Paul McCartney und Jimmy Hendrix.

Vermutlich verlangt die Natur eine Gleichberechtigung beider Gehirnhälften, wie sie bei umerzogenen Linkshändern bestenfalls möglich ist. Denn die Welt war keinesfalls von Anfang an für Rechtshänder.

Für die Chinesen ist das Ziel noch heute ein Ausgleich zwischen "Ying" und "Yang".

"Yang" bezeichnet das Männliche und auch die linke Gehirnhälfte. So schreiben sie von oben nach unten, wodurch keine Gehirnhälfte bevorzugt wird und keine Hand die günstigere ist.

Es war auch keinesfalls immer so, dass wir von links oben nach rechts unten schreiben. Unsere Schrift hat sich aus der phönizischen entwickelt. Diese lief zunächst - rechts oben beginnend - hin und her, wie ein heutiger Computerdrucker. Erst 300 v. Chr. setzte sich eine Richtung durch: die der Rechtshänder. Und so blieb es bis heute: wir schreiben von links nach rechts; d.h. links - bei der für Rechtshänder vom Gehirn aus gesehen starken Seite - beginnend, zur schwachen Seite hin. Und genau damit haben Linkshänder oft Probleme.

Ich erinnere mich noch an die ersten Stunden meines Hebräischunterrichts, in denen für die meisten Kommilitonen die Lese- und Schreibrichtung ein großes Problem war, denn sie geht von rechts nach links. Für mich als Linkshänder war das Lesen eines hebräischen Textes keine Schwierigkeit und vielleicht ist dies auch der Grund, warum ich in keiner anderen Sprachprüfung so abgeschnitten habe wie in Hebräisch. Ein hebräisches Buch aus der Sicht der Rechtshänder "von hinten" aufzuschlagen, war mir ein Vergnügen und erst durch die Hebräischstunden kam ich auf die Erklärung einer anderen Linkshändergewohnheit bei mir: noch heute lese ich Zeitschriften und Zeitungen gerne von hinten, und dies offenbar keinesfalls nur deswegen, weil dort der Kulturteil oder die Witze stehen.

Aber noch etwas anderes fiel mir in diesen Hebräischstunden auf: Nach kurzer Zeit hatte keiner mehr Probleme mit der Leserichtung von rechts nach links. Die Anfangsschwierigkeiten lagen wohl nur daran, dass die für die Schreib- und Leserichtung "von rechts nach links" zuständige Gehirnhälfte, also die rechte, unterdrückt war, sich aber nach kurzer Zeit gleichberechtigt zu der für Rechtshänder starken Gehirnhälfte, der linken, verhielt.

Diese Erfahrung machen viele Rechtshänder: haben sie eine Inspiration oder eine kreative Idee, die aus der normalerweise unterdrückten Gehirnhälfte kommt, so werden sie das "Gefühl" (auch in der rechten Gehirnhälfte sitzend) nicht los, dass sie es immer schon gewusst hatten. Die Gehirnhälfte, aus der diese Idee kommt, war nur unterdrückt.

Linkshänder hingegen, die oft vor Kreativität und Ideen sprühen - so dass sie mitunter skurril und etwas schrullig wirken - leben im Wachbewusstsein mit der rechten Gehirnhälfte, in der diese Anlagen verankert sind.

Der Ausgleich beider Gehirnhälften ist nach der Psychologie vor allem in den sogenannten Dämmerzuständen gegeben. Wenn man "an nichts denkt", wie z.B. bei langen Zug- oder Autofahrten, ist nämlich die sonst aktive Gehirnhälfte nicht blockierend für die unterdrückte. So kommen Rechtshänder in solchen

Zuständen auf kreative Gedanken, Linkshänder hingegen empfangen Meldungen aus der rechten Gehirnhälfte und beginnen zu ordnen und zu systematisieren.

Ich selbst bin als Linkshänder kein Mensch der Ordnung, immer aber, wenn ich lange halbschläfrig am Steuer sitze, kommt der Gedanke auf, ordnen zu müssen. Schnappe ich nur diesen Gedanken(-blitz) auf und beginne - nun hellwach geworden - darüber nachzudenken, wie ich meine Papiere, Akten, Manuskripte, Rechnungen, Belege... ordnen soll, dann fällt mir eben nichts mehr ein, weil wohl meine linke Gehirnhälfte, die unsystematische, wieder voll aktiv ist.

Die Dämmerphasen sind also - und nichts anderes behauptet die Psychologie seit langem - sehr gesund. Es ist durchaus ratsam, für eine lange Zugfahrt einmal nichts zum Lesen, sondern eher einen Block oder ein Diktiergerät, mitzunehmen, um die aus der normalerweise unterdrückten Gehirnhälfte aufkommenden Gedanken(-blitze) festzuhalten, bevor sie wieder von der dominanten verdrängt werden.

Nicht nur Kinder, sondern auch Erwachsene müssen träumen und es kann eine durchaus konstruktive Phase sein, wenn man einmal eine Zeit lang am Schreibtisch sitzt und "Löcher in die Luft starrt". Wer sich diesbezüglich länger beobachtet, der wird merken, wie fruchtbar sich Dämmerphasen oder Wachträume auf die Sprache auswirken.

Dämmerphasen von Rechtshändern beflügeln die Phantasie und Kreativität, ihnen fallen Vergleiche und Bilder ein, Wörter und Konstruktionen fließen ihnen zu, Sätze und Konstellationen, die im Wachbewusstsein nur schwer zu erzeugen sind, tauchen auf und sind dann einfach "da". Träumende Linkshänder hingegen "erkennen" logische Verknüpfungen, zeitliche Abfolgen und symbolische Zusammenhänge.

Die Sprache ist etwas Ganzheitliches. Und sie ist umso besser, je gleichberechtigter beide Gehirnhälften sind und je mehr sie miteinander harmonieren. Ein Gutteil dieser Harmonie ist vorbestimmt, ein umerzogener Linkshänder ist so vorgeprägt, wie reine Rechts- oder Linkshänder. Zu einem Teil aber kann man den Ausgleich beider Gehirnhälften anstreben und sei es durch Dämmerphasen, die man bewusst zulässt.

1.3. Sprache - eine unter Tausenden

Die einleitenden Gedanken beziehen sich auf jede Form von Sprache und auf alle Sprachen. Nun hat jede Sprache ihre Eigenarten, ihre Regeln und ihre Geschichte.

Das Fach "Linguistik" behandelt Sprache von ihrer sogenannten wissenschaftlichen Seite. Das Wort "sprachwissenschaftlich" ist jedoch mit Vorsicht zu genießen. Man kann über eine Sprache keine eindeutige Wissenschaft betreiben. Dazu ist eine Sprache zu sehr im Fluss, in ständiger Veränderung und zunehmend auch in ständiger Beeinflussung von anderen (Nachbar-) Sprachen. Die Ursprünge vieler Wörter liegen im Dunklen und sind derartig unterschiedlich beeinflusst, dass man diese insgesamt nicht erforschen kann.

Vieles in einer Sprache geht auf Konventionen und nicht auf eindeutige Regeln zurück. Das ist gut so. Die Sprache ist einer der wesentlichsten und schönsten Ausdrücke von Leben, Stimmungen und Gedankenwelten. Sie muss lebendig bleiben.

Nun gibt es die sogenannten "toten" Sprachen. Das sind die Sprachen, die heute nicht mehr gesprochen werden, aber auf unsere heutigen Sprachen einen erheblichen Einfluss haben. Die toten Sprachen verändern sich nicht mehr, und es ist schwierig, sie wieder zum Leben zu erwecken, denn nach dem

Aussterben der "toten Sprachen" sind unzählige Produkte entwickelt worden, für die neue Wörter geschaffen werden müssen.

Es gibt philosophische und psychologische Erkenntnisse, die die Alten nicht hatten, für sie müssen Kunstwörter - oder, wie man heute gerne sagt: Plastikwörter - erfunden werden. Tote kann man nicht mehr zum Leben erwecken.

Gerade heute, da die Völker näher zusammenrücken, hat es keinen Wert, sich auf eine Sprache zurückzuziehen, die niemand mehr verstehen oder sprechen will. Jeder israelische Staatsbürger lernt von der ersten Klasse an Englisch. Konzession an die Erkenntnis, dass eine tote Sprache eine isolierte Insel auf dem Ozean der Kommunikation bleibt?

Es gibt heute auf der Erde 2796 lebendige Sprachen. "Die Zahl stammt von Professor Mario Pei, ehemals Romanist an der New-York Columbia-Universität, der vier Sprachen fließend sprach und sich in fünf weiteren verständigen konnte. Professor Pei war nicht etwa Chinese, sondern ein Italiener katalanischer Herkunft, der als Kind mit seinen Eltern in die Vereinigten Staaten emigriert war. Er hatte sich einmal sehr stark gemacht dafür, dass die UNO jeden Menschen zwingen, oder durch Belohnung dahin bringen müsste, von klein auf eine zweite Sprache zu lernen, ganz gleich, welche, vorausgesetzt nur, es sei überall die gleiche, Englisch oder Russisch, Chinesisch oder Esperanto. Dann hätte in dreißig Jahren die Welt eine Sprache, und in einer einsprachigen Welt wäre mehr Einhelligkeit und Einigkeit zu erwarten.

Kein Vernünftiger wird Professor Pei widersprechen wollen. Es ist ein erschreckendes Zeichen für die Unvernunft dieser Welt, dass kein Politiker, der weiterhin ernst genommen werden möchte, es wagen kann, das von allen für vernünftig Gehaltene verwirklichen zu wollen.

Die UNO wäre ganz ungeeignet als Initiator eines solchen Unternehmens, da sie es doch selber nicht schafft, in weniger als fünf offiziellen Sprachen zu reden: Chinesisch, Englisch, Französisch, Russisch und Spanisch. Die Delegierten des Wiener Kongresses waren noch mit Französisch ausgekommen, die Sieger von Versailles brauchten dazu schon Englisch. Heute jedoch reden die Abgeordneten des Europäischen Parlaments bereits, weit schlimmer als die UNO, in sieben Sprachen aufeinander ein: Englisch, Französisch, Deutsch, Italienisch, Niederländisch, Dänisch, Griechisch. Und die beiden neuen Partner Spanien und Portugal werden die möglichen Wurzeln sprachlicher Missverständnisse verneunfachen...

Wer nur Deutsch spricht, kann heute nicht einmal mehr einen Flieger durch die Wolken kutschieren. Eigentlich muss, wer in Europa mitreden will, diese paar indogermanischen Dialekte beherrschen. Aber: wer sich nicht wenigstens in seiner eigenen, seiner Muttersprache auskennt, der wird es auch in fremden Sprachen nie weit bringen."[7]

In den folgenden beiden Kapiteln geht es um Eigenarten und Besonderheiten der deutschen Sprache sowie um viele kleine "Sprachsünden" und deren Vermeidung. Es geht dabei nicht um eine umfassende Grammatik, Stil- oder Wortkunde, sondern um ausgesuchte und grundsätzliche Probleme, auf die jeder stößt, der gut Deutsch sprechen will. Die beiden Kapitel "Stil" und "Wörter" enthalten auch Spitzfindigkeiten und persönliche Ansichten, die nicht die Grammatik, sondern den Geschmack betreffen (wozu das Folgende sensibilisieren soll).

---

[7] Rudolf Walter Leonhardt, Auf gut deutsch gesagt – ein Sprachbrevier für Fortgeschrittene, Darmstadt 1983, 71f.

1.4. Sprache und Geschichte

Jede Sprache hat ihre Geschichte und diese Geschichte spiegelt sich in der Sprache wider. Das kann man normalerweise nur sehen, wenn man sich sowohl für Geschichte als auch für Fremdsprachen interessiert.

Die geschichtliche Entwicklung eines Wortes nennt man "Etymologie" und in einem "etymologischen Wörterbuch" kann man ungeheuer viele interessante Einzelheiten und Entwicklungen, Herkünfte und Verzweigungen eines einzelnen Wortes nachschlagen.

In dieser Etymologie eines Wortes liegt gewissermaßen sein geschichtlicher Bodensatz und man kann seine Bedeutungsfülle genauso erkennen, wie die mögliche Reduktion dieser Fülle auf seinen heutigen praktischen Gebrauch. Diese Etymologie ist bei Nomen besser nachvollziehbar als bei Verben, denn diese unterlagen im Laufe ihrer Geschichte einer starken sprachlichen Abnutzung.

So kommt es, dass die am häufigsten gebrauchten Verben auch immer die unregelmäßigen sind und man folglich beim Erlernen einer Fremdsprache gerade zu Anfang viel lernen muss, weil das Wesen der Unregelmäßigkeit von Verben gerade auf der Gesetzlosigkeit ihrer Veränderungen liegt. Über die unregelmäßigen Verben der Muttersprache macht man sich normalerweise wenig Gedanken, weil einem ihr Gebrauch "in Fleisch und Blut" übergegangen ist.

Bei Kindern, die noch in der Sprachentwicklung sind, kann man jedoch sehr häufig wahrnehmen, wie schwer das Erlernen von unregelmäßigen Verben ist.

Bleiben wir aber noch kurz bei der Etymologie (=Wortgeschichte). Es macht nicht nur Freude, diese bei einzelnen Wörtern nachzuschlagen, sondern führt auch in die tiefe Bedeutung dieser Wörter ein. Erst durch die Etymologie eines Wortes erkennt man, was dieses Wort alles in sich trägt.

Ich habe an anderer Stelle ausführlich und auf diesem etymologischen Wege das Wort "Sinn" erklärt (MACHT ERFOLG SINN – Eine neue Ethik für Unternehmer und Manager, Paderborn 1996, Seiten 165 - 173,die dort angegebenen Fußnoten sind soweit nötig hier als eingeklammerte Bemerkung [...] wiedergegeben). Diese Ausführungen seien hier als Beispiel für die Geschichtsträchtigkeit von Wörtern zitiert:

Zu der Bedeutungsfülle des Wortes "Sinn" gehört der sprachliche und inhaltliche Zusammenhang von "Weg" und "Sinn". Das althochdeutsche Wort "sinnan" bzw. "sinna" nämlich, von dem sich "Sinn" herleitet, hat die Bedeutung "reisen, beistehen, sich um etwas kümmern". Das Grimmsche Wörterbuch schreibt dazu: *Die ursprüngliche Bedeutung der Wurzel war augenscheinlich die einer Ortsbewegung... Daneben findet sich die Übertragung in die geistige Sphäre*". [Grimm J. - Grimm W. Deutsches Wörterbuch,

10. Band, 1. Abteilung, Leipzig 1905. Sp. 1103-1152; 1103]

Es ist beachtenswert, dass im Zentrum des Wortfeldes "Sinn" der Weg steht, und zwar in zweifacher Bedeutung, ebenso als räumliche wie als geistige Bewegung. Die frühen Clan- und Stammeserlebnisse von mühseligen Wanderungen auf schwer begehbaren Wegen haben wohl dazu geführt, unter diesem Bild Richtung und Sinn des Lebens deuten zu können. Die äußeren Wege werden sinnbildlich als Einsichtshilfe in die Richtung des Lebens überhaupt gesehen.

Wenn aber "Sinn" sich im Reisen, Wandern und Wege-Gehen auftut, dann sagt die Wortbedeutung zugleich, dass der Sinn nicht einfach offen daliegt. Sinn muss erwandert werden. In den Sinn vermag der Mensch erst im Laufe vieler Wege, sicherlich auch vieler Irrwege, seines Lebens immer tiefer und umfassender einzudringen. "Sinn-er-fahrung" ist ein langer Weg des Wanderns und Übens, der ebenso Fortschritte wie Rückschritte kennt und deshalb gleichzeitig von dem Mut zur Korrektur gekennzeichnet sein muss.

Die beiden Worte "Sinn" und "Erfahrung" haben - bei aller Unterschiedlichkeit ihres sprachlichen Ursprungs - einige Gemeinsamkeiten der Bedeutung. Das deutsche Wort "erfahren" hat ursprünglich zu tun mit fahren, reisen, eine Wegstrecke zurücklegen. Ein er-*fahr*-ener Mensch ist derjenige, der viele

Wegstrecken zurückgelegt hat und deshalb sehr bewandert ist. Erfahrungen sind Lebensweisheit, meist gewonnen aus unterschiedlichen Ereignissen des bisherigen Lebens. Nicht selten haben sie Wunden und Narben im Leben eines Menschen zurückgelassen. Erfahrungen haben eine unverkennbare Verwurzelung in der Vergangenheit und helfen, die Gegenwart und Zukunft zu meistern.

Auch hat Sinn mit Einsichten und Erlebnissen der Vergangenheit zu tun. Sinn zielt hin auf den Grundakkord, auf die Lebensverwirklichung, auf die fundamentale Zielsetzung des menschlichen Lebens. Die Frage nach dem Sinn will gleichsam die Wand des Diesseits transparent machen, so dass eine letzte Erfüllung, Krönung und Vollendung des menschlichen Daseins sichtbar und zugleich eine starke Motivation zurück in das Leben gegeben wird.

Damit wird die Frage nach dem Sinn zur Lebensfrage und somit Nahtstelle von Diesseits und Jenseits, von Anthropologie und Theologie, von Zeit und Ewigkeit.

Der inhaltliche Zusammenhang von "Sinn" und "Er-fahrung" spiegelt noch etwas anderes wider: kein Mensch macht sich allein auf den Weg. Das Gehen eines Weges (der Sinnfindung) ist immer auch eine soziale Erfahrung, so wie das Finden von Sinn rückgebunden ist an andere Menschen, die den Weg mitgehen.

Einen Weg zu gehen ist kein individualistischer Partisanengang, sondern etwas Gemeinschaftliches. Wer den Sinn oder den Weg finden will (hier sind beide Begriffe nahezu gleichzusetzen), muss den Mut haben, seine Unwissenheit und Hilflosigkeit einzugestehen. Zu meinen, auf den Rat anderer verzichten zu können, muss häufig mit Irrwegen und Fehldeutungen bezahlt werden. Wer den Sinn finden will, braucht den Beistand anderer, die bereits Reiseerfahrungen besitzen und diese weitergeben.

In der Sinnfindung laufen persönliche Erlebnisse und Reflexionen einerseits und der Erinnerungsschatz der Gemeinschaft andererseits konturlos ineinander. Selbstbemühung und Fremderfahrung lassen in einem Menschen das Gespür für den Sinn wachsen und reifen.

Nicht selten ist die Überlieferung der Alten ebenso Hilfe für die Sinnfindung wie auch Korrektur für falsch eingeschlagene Wege. An wenigen Stellen in der Geschichte der Menschheit ist der Stafettenwechsel von der älteren zur jüngeren Generation so wichtig und unersetzlich wie bei der Weitergabe von Sinnerfahrungen. Der Mensch, der sich auf den Weg macht, ist einerseits auf sich selbst gestellt und doch auf andere angewiesen.

Auf jeden Fall muss er wissen, wohin er will, ehe er sich den Weg genauer zeigen lassen kann. Kein Mensch, der den Weg sucht, würde einen anderen fragen: "Entschuldigen Sie bitte, wissen Sie, wo ich hin will?", sondern er fragt unter der Vorgabe des Zieles.

Es gehört zum Wesen des Weges, dass er zwei Begrenzungen hat, und genau zwischen diesen beiden Grenzlinien verläuft der Weg. Diese Grenzlinien, durch die überhaupt ein Weg entsteht, sind das »Ich« und der "Andere" - oder "die anderen Menschen".

Der Mensch nämlich ist in seinem Wesen sozial, d.h. er lebt in Gemeinschaft mit anderen Menschen und auf andere hin. Der Mensch ist wesentlich bestimmt durch Begegnung mit anderen Menschen. Diese wirken zurück auf ihn selbst, genauso, wie sein "Selbst" die Art und Weise sozialer Begegnung bestimmt.

Zwischen diesen beiden Polen "Ich" und "der Andere" liegt der Weg zum Sinn. Bereits in der Erziehung werden die wesentlichen Fähigkeiten, den Weg zu gehen und ein Ziel zu haben, zugrunde gelegt, indem Vater und Mutter, Großvater und Großmutter das rechte und überzeugende Wort der Wegfindung weitergeben (weg-geben). Sie haben ihr Wissen nicht aus Büchern geholt, sondern sprechen von Selbster-fahr-enem und Selbsterlittenem. Diese Selbsterfahrungen haben sie lange und immer wieder durchdacht, überlegt und häufig auch durchbetet, ehe sie darüber reden und es wagen, sie an Kinder und Enkelkinder weiterzugeben...

In diesem Zusammenhang muss unbedingt auf den Unterschied von "Erfahrung" und "Erlebnis" hingewiesen werden. Jedem, der in der Erziehung von Menschen (auch im Betrieb) steht, kennt das jugendliche Aufbegehren dergestalt, dass sich diese nichts sagen lassen. Die Menschen wollen ihre Erfahrungen selber machen, es genügt ihnen nicht, von den Erfahrungen anderer zu profitieren und deren Ergebnisse ins eigene Lebenskonzept zu übernehmen. Das ist verständlich und richtig.

Dabei ist jedoch zu bedenken, dass ein Mensch "Erfahrungen" nie direkt macht. Direkt ist nur das Erlebnis. Ob nun aus dem Erlebten auch tatsächlich "Erfahrung" wird, das steht auf einem ganz anderen Blatt. Und genau auf diesem steht auch die Hilfe, die ein bereits Erfahrener den noch Unerfahrenen geben kann: er kann helfen, dass aus dem Erlebten eine Erfahrung wird. Entscheidend dafür ist die Art und Weise, in der das Erlebnis reflektiert wird. Prinzipiell können uns nur reflektierte Erlebnisse zu Erfahrungen werden und in den Erfahrungsschatz eines Menschen eingehen.

Die Weitergabe von Erfahrungen an andere ist so gesehen nichts anderes als die Mithilfe bei der Reflexion von Erlebnissen, die man selbst in gleicher oder ähnlicher Weise auch gemacht hat, reflektiert hat, zu Erfahrungen hat werden lassen und in den subjektiven Erfahrungsschatz aufgenommen hat. Für jede Art von Erlebnissen braucht der Mensch, der diese Erlebnisse macht, bestimmte Fähigkeiten, diese weiterzuverarbeiten und dadurch zu Erfahrungen werden zu lassen.

Deshalb gibt es eben auch bestimmte Erlebnisse, für die ein Mensch zu jung, zu unreif oder zu ungebildet ist, weil er aufgrund seiner persönlichen Reife auf keinen Fall in der Lage ist, sie wirklich positiv - und darauf kommt es ja im Wesentlichen an - zu Erfahrungen werden zu lassen. Wer elterliche und betriebliche Hilfe bei der Erziehung von jungen Menschen leisten will, der muss daher abzuwägen in der Lage sein, ob bestimmte Erlebnisse überhaupt prinzipiell zu positiven Erfahrungen werden können.

Hier ist der sogenannte pädagogische Ansatz zu finden ("Pädagogik" ist Griechisch und heißt übersetzt: "das Kind [paidos] führen [gogein]"), der jedem Menschen helfen soll, seine Erlebnisse so zu reflektieren, dass daraus Erfahrungen werden. (...)

Da Sinn etwas mit Erfahrung zu tun hat, ist dieser Unterschied zwischen "Erfahrung" und "Erlebnis" entscheidend. Sinn hat so betrachtet immer auch etwas mit auswertender Reflexion gemachter Erlebnisse zu tun, und erst durch diese Reflexion kann man überhaupt sagen, dass etwas Erlebtes auch sinnvoll war, insofern es zu einer echten Erfahrung geworden ist, die dann auch in den persönlichen Erfahrungsschatz aufgenommen wird.

Der gute Pädagoge "kümmert" sich um den Menschen, weil er durch seine Erfahrung diesem helfen kann, dass auch dessen Erlebnisse zu Erfahrungen werden. Damit kommen wir zu einer weiteren Bedeutung von Sinn.

Eine andere Bedeutungsrichtung des Wortes Sinn ist: sich um etwas kümmern. Diese weitere Bedeutung hat aber auch eine Beziehung zu der Übersetzung von Sinn als Weg, denn damit wird ausgesagt, dass der "Weg" der Mühe bedarf und die Suche nach Sinn mitunter auch Opfer und Anstrengungen einschließt. Der Sinn fällt dem Menschen nicht in den Schoß. Er muss sich stets darum kümmern und muss auf der Hut sein, damit die Welt nicht zum Variété der Sinnlosigkeit, des Widersinns, der Verzweiflung und Hoffnungslosigkeit degradiert und verfremdet wird.

Durch die vorangegangenen Erklärungen zur Wortbedeutung und dem Bedeutungsumfeld von "Sinn" erscheint der Satz "Die Mitte ist der Weg" beinahe wie eine Kurzdefinition von Sinn: Sinn heißt "sich auf den Weg machen", der Weg aber bringt, in seiner direkten und in seiner übertragenen Bedeutung, bestimmte Bedingungen mit sich, so vor allen Dingen die, auf dem Weg zu bleiben. Dennoch mag man sich fragen, ob in der Formulierung "Die Mitte ist der Weg" nicht zwei unvereinbare Begriffe miteinander verbunden werden.

Die Frage nach der Herkunft von "Mitte" und "Weg", führt zu einer erstaunlichen Antwort: klingt zunächst im Deutschen die in einem Satz gegebene Kombination von "Mitte" und "Weg" wie die willkürliche Zusammenziehung zweier Begriffe (weil Mitte als etwas Statisches und Weg als etwas Dynamisches verstanden wird), so zeigt die nähere Betrachtung der Wörter, dass Mitte und Weg durchaus zusammengehören und vor Jahrtausenden sprachlich so dicht beieinander standen, dass sie in einem einzigen Wort miteinander kombiniert wurden. Dieses eine Wort lautet im Griechischen: "Methode". "Methode" setzt sich zusammen aus "meta", was übersetzt werden kann mit "hinter, nach, gemäß" und "hodos", was "Gang, Weg, Mittel und Weg" heißt.

Damit ist schon etwas Wichtiges erkannt: was im deutschen Wort "Mitte" so statisch klingt, und was im Wort "Weg" so dynamisch klingt, fügt sich untrennbar zueinander. Die "Mitte" erscheint durch die Zufügung des Wortes "Weg" als etwas Dynamisches und dem Wandel unterworfenes.

Damit sind wir dem Sinn noch ein Stück näher gekommen, denn die Mitte muss verstanden werden als Weg, und nicht als Ruhepol. Abermals wird hier deutlich, dass der Sinn sich nicht kontemplativ, im ruhigen Hin- und Anschauen erschließt, sondern durch die Tat, und zwar durch eine Tat oder Handlung, die man als methodisch bezeichnen kann.

In der dargestellten Bedeutung von methodisch (als Adjektiv) muss die zum Sinn führende Tat schrittweise geschehen, durchdacht und planmäßig. Wer den Sinn sucht, findet und in ihm bleiben will, der darf nicht ruhen, sondern muss sich auf einen planmäßig durchdachten Weg machen, auf welchem er nicht stehenbleiben darf, sondern schrittweise vorwärtsgehen muss.

Den Sinn zu finden und in ihm zu bleiben hat etwas Ruheloses, etwas Grunddynamisches und - auch das beinhaltet das Wort "Weg" - : er muss zugleich "von etwas weg" und "auf etwas hin" gehen, er muss "weg-en" der Mitte etwas hinter sich lassen und "des-weg-en" auf etwas zustreben. Es wird also deutlich, dass sich der Satz "Die Mitte ist der Weg" von der Bedeutungsfülle des Wortes "Weg" (Sinn, Erfahrung, Beistand, Sich-um-etwas-kümmern) erschließt und zugleich "Sinn" inhaltlich bestimmt.

Die vorangegangenen Überlegungen lassen nun eine interpretierende (aber deswegen nicht weniger am Wortsinn orientierte) Übersetzung von "Sinn" zu: "Sinn erschließt sich in Sinner-fahr-ung".

Wer also den Sinn finden will, der muss auf dem Weg bleiben; auf dem Weg zu bleiben heißt aber gerade nicht zu ruhen oder stehen zu bleiben, sondern - bei aller Widrigkeit - vorwärtszuschauen und voranzuschreiten.

Sinn und Sinnsuche sind also etwas zutiefst Dynamisches, denn sie spannen den Menschen in die Bewegungen des Lebens ein, sie ersparen ihm nicht die Mühe, immer neu dem anderen zu begegnen, von vorne zu beginnen (auch das wäre ein "Fortschreiten auf dem Weg") und den Kontakt zur Außenwelt nicht zu verlieren.

Nach der Fülle der oben dargestellten Gedanken mag diese Erkenntnis banal klingen, und sie ist es dennoch nicht, zeigt sie doch nicht nur wie dynamisch der Sinn und die Sinnsuche zu verstehen sind, sondern zugleich, dass zur Suche nach dem Sinn Mut gehört. Bringen wir diesen nicht auf, so gibt es keinen (Aus-)Weg mehr, der Mensch bleibt stehen und verkümmert. Wer keinen Weg mehr sieht, hört auf zu leben. Er geht in das Stadium purer Existenz oder Vegetation über, auf jeden Fall aber hat er die Sinnfrage auf die unbefriedigendste Weise derart geklärt, dass er die Sinnsuche aufgegeben hat.

Zum Leben gehört die Dynamik und oft auch die Zerrissenheit, Zweifel, Niederschläge, Hoffnungslosigkeiten und ständiger Neubeginn.

Das Bedeutungsumfeld von "Mitte" und "Weg" offenbart schließlich auch die Verantwortung des Menschen gegenüber dem zu findenden Sinn seines Handelns. Der Mensch kann nicht einfach nur abwarten und schauen, wann und wie sich ihm etwas als sinnvoll erschließt. Er muss etwas tun, er ist aufgefordert und herausgefordert, sich auf den Weg zu machen. Das Leben bekommt nur Sinn, wenn er es in die Hand nimmt.

So sagt der Satz: "Die Mitte ist der Weg" - und seine möglichen interpretierenden Varianten - etwas über "das Geheimnis der bedingungslosen Sinnträchtigkeit des Lebens" aus. Das Leben hört "buchstäblich" bis zu seinem letzten Augenblick, bis zu unserem letzten Atemzug, nicht auf, Sinn zu haben... Es hat sich nämlich herausgestellt, dass sich im Leben Sinn finden lässt, grundsätzlich unabhängig von der Geschlechtszugehörigkeit eines Menschen und von seinem Alter, von seinem Intelligenzquotienten und von seinem Bildungsgrad, von seiner Charakterstruktur und von seiner Umgebung, und schließlich hat sich nachweisen lassen, dass der Mensch Sinn finden kann unabhängig davon, ob er religiös ist oder nicht, und für den Fall, dass er religiös ist, wieder unabhängig davon, welcher Konfession auch immer er angehören mag.

Diese Forschungsergebnisse verdanken wir den wissenschaftlichen Arbeiten... (von) Brown, Casciani, Crumbaug, Dansart, Durlak, Kratchovil, Lukas, Lunceford, Mason, Meier, Murphy, Planova, Popielski, Richmond, Roberts, Ruch, Sallee, Smith, Yarnell und Young." (Victor Frankl)

"Die Mitte ist der Weg" enthüllt sich damit nicht nur als Motto oder (Lebens-)Konzept, sondern als Auftrag, und dieser besteht darin, der Verwiesenheit des Menschen auf Sinn gerecht zu werden.

Ein Weg, im tatsächlichen und im übertragenen Sinne, hat dann wirklich Sinn und Mitte, wenn er über sich hinausweist auf ein Ziel. Ist das Ziel erreicht, so ist der Weg zu Ende - und doch lässt das erreichte Ziel den Weg bleibend als sinnvoll stehen, ist er doch die Methode, mittels der das Ziel erreicht wurde.

"Die Mitte ist der Weg" bindet als Auftrag an etwas Geistiges, eine Idee, einen Wunsch, eine Hoffnung, eine Vorstellung... kurz: an eine Vision.

Wo kein Weg ist, da ist auch kein Ziel, wo kein Ziel ist, da ist kein Sinn, und wo kein Sinn ist, da ist kein menschenwürdiges Leben möglich. Vielleicht ist hierin das heute so verbreitete Leiden an der Sinnlosigkeit des Lebens begründet: es fehlt den Menschen an Sinn, denn sie haben die Bindung ans Geistige verloren.

Der französische Flieger und Schriftsteller Antoine de Saint-Exupéry hat dies in einem Brief an seinen General so formuliert: "Heute bin ich tieftraurig, traurig für meine Generation, die jeder menschlichen Substanz entleert ist. Jede Gefühlswärme klingt heute lächerlich. Die Menschen wollen sich nicht zu irgendeinem geistigen Leben erwecken lassen. In der Dekadenz ist die Menschheit von der griechischen Tragödie abgesunken... der Mensch stirbt in meiner Epoche vor Durst.

Es gibt nur ein Problem, ein einziges in der Welt. Wie kann man den Menschen eine geistige Bedeutung, eine geistige Unruhe wiedergeben; etwas auf sie herniedertauen lassen, was einem gregorianischen Gesang gleicht!

Man kann nicht leben von Eisschränken, von Politik und Bilanzen. Man kann nicht mehr leben ohne Poesie, ohne Farbe, ohne Liebe.

Wenn man bloß ein Dorflied aus dem 15. Jahrhundert hört, ermisst man den ganzen Abstieg. Es gibt nur ein einziges Problem: Es gilt wieder zu entdecken, dass es ein Leben des Geistes gibt, das noch höher steht als das Leben der Vernunft und das allein den Menschen zu befriedigen vermag.

Was wird aus dem Menschen, den man mit Konfektionskultur versorgt, so wie man das Rindvieh mit Heu versorgt? So sieht er aus, der Mensch von heute."

Hier drückt sich poetisch aus, was bereits von der philosophischen Seite her betrachtet wurde: Angesichts mangelnder neuer Werte, Wertvorstellungen und Handlungsmaximen ist ein Sinnvakuum entstanden, das durch die umwälzenden (welt-)politischen und (welt-)wirtschaftlichen Ereignisse nur mit neuen Antworten befriedigend gefüllt werden kann.

Zugegeben, in diesen Gedanken sind eine Menge Spekulationen, eines aber bleibt unbestreitbar: Man kann sich dem "inneren" Sinn von Sprache nur nähern, wenn man die Etymologie eines Wortes kennt. Und so, wie es hier beispielhaft am Wort "Sinn" einmal ausführlich gezeigt wurde, trägt jedes Wort seine Geschichte und kann uns deshalb eben auch Geschichten erzählen.

2. Jedes überflüssige Wort wirkt seinem Zweck entgegen
(Schopenhauer)[8]

2.1. Fremdwörter im Allgemeinen

Wer kennt sie nicht, diese Sprüche wie: "Der usus der termini technici ist auf ein Minimum reduzierbar".

Oder: "Das Volumen des subterranen Nachtschattengewächses verhält sich disproportional zur Intelligenz seines Produzenten".[9]

Das mag ja noch witzig sein. Liest man allerdings bei Wustmanns "Sprachdummheiten" das Zitat eines Arztes, dann mögen einem schon die Haare zu Berge stehen: "Die Autopsie konstatierte die Existenz eines sanguinolent tingierten Serums im Perikardium".

Wäre es da nicht besser zu sagen: "Bei Öffnung der Leiche zeigte sich, dass der Herzbeutel blutig gefärbte Flüssigkeit enthielt"?

"Im allgemeinen ist das deutsche Wort verständlicher und, zumindest außerhalb der Sprache der Wissenschaft, auch genauer.

---

[8] Das dritte Kapitel "Wörter" aus meinem Buch "Sprachsouveränität" ist hier noch erweitert um 2.4. "Plastikwörter".

[9] Übers.: "Der dümmste Bauer hat die dicksten Kartoffeln".

Denken Sie einmal darüber nach, was 'interessant' heißt. Im Grunde: alles oder gar nichts. Das wusste schon meine Großmutter. Oft kamen junge Dichter und lasen ihr vor. Oder hoffnungsvolle Komponisten brachten sich zu Gehör. Und nichts war mehr gefürchtet, als wenn die alte Dame dann mit strenger Miene sagte: Interessant, sehr interessant".[10]

Für die Verwendung oder die Vermeidung von Fremdwörtern gibt es keine einheitliche Regel. Walter Leonhardt hat jedoch drei Zulässigkeiten erarbeitet, die als Richtschnur gelten sollten: Fremdwörter sind notwendig oder wenigstens zulässig:

1. Wo es ein entsprechendes deutsches Wort nicht gibt

    Die Colleges der englischen Traditions-Universitäten könnte man allenfalls 'Kollegienhäuser' nennen; aber wer, der nicht ein Kenner des mittelalterlichen Universitätssystems ist, wüsste damit etwas anzufangen? Und so ganz deutsch sind die 'Kollegien' ja auch nicht. Es gibt keine Übersetzung für die 'Cambridger-Colleges'.

2. Wo Lokalkolorit vermittelt werden soll

    Jeder Moskauer träumt von der eigenen Datscha. Darunter mag sich der russlandfahrende Westeuropäer nicht viel vorstellen können. Aber Übersetzungsversuche wie

---

[10] R.W. Leonhardt, Auf gut deutsch gesagt... 42.

'Wochenendhaus' oder 'Ferienhaus' ließen schiefe Vorstellungen entstehen.

3. Wo es die Stilebene einer Aussage bestimmt

Der Chic einer raffinierten femme fatale ist eben doch etwas anderes als der Reiz einer mit allen Wassern gewaschenen Schicksalsfrau…

Der Gebrauch von Fremdwörtern und fremdsprachlichen Zitaten kann schreckliches Imponiergehabe sein. Anderseits aber können Fremdwörter der "Präzision" dienen. Und schließlich kann man die Wörter, die man nicht kennt, nachschlagen.

2.2. Fremdwörter aus den Alten Sprachen

Lateinische Fremdwörter haben in der deutschen Sprache eine lange Geschichte. Im Gegensatz zu den Anglizismen - englische Fremdwörter? -, die größtenteils durch die letzten beiden Kriege und vor allem mit der Computerwelle in den allgemeinen deutschen Sprachgebrauch geschwappt sind, sind sie oft unersetzbar und unübersetzbar (da haben wir's wieder!, warum nicht: sie sind oft nicht zu ersetzen) weil es keine entsprechenden deutschen Wörter für sie gibt.

Der Philologe Karl Schneider empfahl in seinem Buch "Reines Deutsch":

für Patient "Kränkling" zu sagen,
für Klima "Gewitter",
für Akustik "Hörsame",
für Politik "Staatssame",
für Technik "Kunstsame",
für Intrige "Anspinst",
für Relief "Gehebe",
für rotieren "raden",

um nur einige zu nennen.

So etwas kann sich nicht durchsetzen. Wie hatte doch die damalige DDR-Regierung versucht, die guten alten Ausdrücke zu verbannen: da hieß dann ein Sarg "Erdmöbel" und ein Sack "Weichraumcontainer", Pizza "Krusta", Mohrenkopf "Spreerosette" und der schöne Weihnachtsengel wurde zur "geflügelten Jahresendfigur", denn christliche Ausdrücke waren für die Sprachpfleger des

Arbeiter- und Bauernstaates Fremdwörter. "Sozialistendeutsch"? oder "Nazideutsch"?

Auch hier gibt es eine Übereinkunft an die man sich halten sollte:

> *Bestimmte lateinische und griechische Ausdrücke sind vorzuziehen:*
> 1. *weil ihre Übersetzung ins Deutsche mühsam bis kläglich klingt;*
> 2. *weil sie zu den Weltsprachen, mindestens zu den Sprachen der westlichen Welt gehören.*

Auf einige oft verwechselte Wörter sei hier noch besonders hingewiesen:

- psychisch und psychologisch
- sozial und soziologisch
- technisch und technologisch

Falsch ist: "Diese Sache belastet mich psychologisch sehr". Richtig ist: "Diese Sache belastet mich psychisch sehr". Wenn mich etwas psychisch belastet, dann kann ein psychologisches Gutachten angefertigt werden. Aber auch dieses Gutachten kann mich nur psychisch, nicht aber psychologisch belasten.

"Psychisch" ist ein Adverb, "psychologisch" ein Adjektiv. "Psychologie" heißt Seelenkunde, und alles, was sich auf die Psychologie bezieht, heißt psychologisch. Weshalb diese Verwechslung bei der "Psyche" häufig vorkommt, bei der "Physis" hingegen nicht, ist unerklärlich. Kaum jemand würde sagen: "Diese Sache belastet mich physiologisch sehr" statt: "Diese Sache belastet mich physisch sehr".

Dasselbe gilt für "sozial" und "soziologisch". Soziologisch heißt: "die Sozialkunde, die Soziologie betreffend". Das, was die Gesellschaft (societas) betrifft ist "sozial". Meistens ist es falsch wenn es heißt: "Die soziologischen Mißstände in Kenia" und hieße richtig: "Die sozialen Mißstände in Kenia".

Nach dem Vorbild von Psychologie und Soziologie bedeutet auch Technologie: die Wissenschaft von der Technik. Es gibt demnach "technologische Probleme", das sind wissenschaftliche Problemstellungen und "technische Probleme", das sind Durchführungsprobleme eines Prozesses.

Den meisten Fällen von Verwechslung dieser Wörter liegt ein "Mischmasch" aus Deutsch und Fremdsprachen zugrunde: nehmen wir ein Wort wie "dividieren"; es heißt "teilen" oder "auseinandernehmen" (im Sinne von zerlegen). Die Konstruktion "Das müssen wir auseinanderdividieren" ist deshalb Unsinn.

Genauso verhält es sich mit dem "Attentatsversuch", denn "attendere" heißt so viel wie versuchen. Bei der Verwendung dieses Wortes soll offenbar gesagt werden, dass das Attentat misslungen ist, aber gerade das bedeutet ja "Attentat"; würde das Attentat gelingen, dann wäre es kein Attentat, sondern ein Mord.

Grundsätzlich gilt für Fremdwörter:

Jedes unbekannte Fremdwort ist nachzuschlagen. Wenn man seine Bedeutung und seine Anwendung kennt, kann man entscheiden, ob man es in den eigenen Sprachschatz aufnimmt oder nicht.

2. 3. Fremdwörter aus dem englischsprachigen Raum (Anglizismen)

Es mag überaschen, englische Ausdrücke in der deutschen Sprache überhaupt noch als Fremdwörter zu bezeichnen. Für viele Menschen sind sie so selbstverständlich geworden, dass sie sie als Fremdwörter nicht mehr wahrnehmen.

Als mein Vater zum ersten Mal nach Zürich flog und ich ihn dort am Flughafen abholte, war er ganz erfreut über seine Leistung, auch ohne Englischkenntnisse alles richtig gefunden zu haben, und – so fügte er bei – er habe sich schon gedacht, dass "Exit" wohl "Ausgang" heiße. Von meiner Großmutter erzählte er mir, sie habe sich am Anfang immer gewundert, dass die Schauspielerin Regy in jedem Film mitspielt: die alte Dame verstand das Wort "Regie" eben nicht…

Man unterscheidet bei den Wörtern einer Sprache zwischen Eigenwörtern, Lehnwörtern und Fremdwörtern. Ein Lehnwort nennt der gute alte Duden "ein… fremdes Wort, das sich in Aussprache, Schreibung und Bedeutung der deutschen Sprache angeglichen" hat.

Fremdwörter hingegen gleichen sich einer Sprache nicht an, sondern bleiben als fremdes Wort erkennbar. Zu viele Fremdwörter können jedoch die Eigenwörter einer Sprache verdrängen und diese überformen. In den letzten Jahren ist eine Flut von englischen Wörtern in die deutsche Sprache geschwappt, die ihren englischen Eigencharakter behalten haben und deshalb für die deutsche Sprache Fremdwörter sind.

Denken wir nur an einen Begriff wie "city". Da freut man sich als deutscher Autofahrer, wenn es noch einen Hinweis auf die "Innenstadt" gibt. Manche Städte haben ja noch einen "Innenstadtring" oder einen "mittleren Ring", aber diese schönen Straßen führen allesamt irgendwann in die City.

Und wie die Deutschen nun einmal sind: Was in irgendeiner Weise gedruckt oder geschrieben ist, das hat ehernen Charakter. Die City werden wir wohl nicht mehr aus der Sprache verbannen. Dazu sind in ihr zu viele "Center" wie Pilze aus dem Boden geschossen: Jeans-Center, Fitness-Center, Foto-Center, Buch-Center, Motor-Center, Picknick-Center, Grill-Center und wie sie alle heißen.

Und in Wirtshäusern aufgestellt sieht man hin und wieder kleine handliche Stellagen, in deren Regalen unterschiedliche Sorten Pfefferminzbonbons lagern - und das Ganze wird von einem Schildchen überdacht, auf dem niedlich und freilich auch etwas spukhaft "Frisch-Center" steht. Noch nicht durchgesetzt haben sich offenbar "Gebet-Center" (für Dome), "Brumm-Center" oder "Longsit-Center" (für Gefängnisse) und "Schluck und Gluck-Center" (für Gaststätten). Wird Zeit, dass auch das noch kommt. Damit wir's hinter uns kriegen.[11] Den selben Unsinn kann man übrigens auch mit -corner konstruieren. Sei's drum.

Für all die vielen Ausdrücke aus dem Englischen und Amerikanischen gilt zunächst dieselbe Regel wie für die Lehnwörter aus dem Lateinischen und Griechischen:

> *So lange für etwas in Deutschland zunächst Unbekanntes ein deutsches Wort fehlt, hat das englische Wort seine Berechtigung.*

Niemand würde einen Computer "Denktank" nennen. "Sit ins" und "hearings" sind Formen menschlicher Zusammenkünfte, die aus dem amerikanischen Sozialgefüge stammen und für Deutsche zunächst atypisch sind. Das mussten wir erst von den Amerikanern lernen: dass man Freizeit und sinnvolles Gespräch miteinander verbinden kann, ohne das Ganze gleich wieder "Arbeitskreis", oder doch wenigstens "Gesprächsrunde", zu nennen.

Hierfür muss man sich unter einem Thema, das dann er- oder be-arbeitet wird, treffen. Bei einem "hearing" oder einem "sit in" muss nicht unbedingt ein festes Thema vorgegeben sein. Dennoch weiß jeder, der zu solch einer Runde kommt, dass er sich auf ein geistig-intellektuelles oder politisches Gespräch einzustellen hat.

---

[11] Dummdeutsch... 22.

Er weiß nicht, worüber gesprochen wird und welchen Verlauf das Gespräch nimmt. Im Gegensatz zur deutschen Auffassung muss ein "sit in" kein Ergebnis haben und es wird kein Protokoll geführt. Prima!

Auch Ausdrücke wie "cash and carry" oder "fast food" bezeichnen typisch amerikanische Gewohnheiten, die sich langsam auch in Deutschland durchsetzen. Ob diese gut sind, ist eine andere Frage. Mit Sicherheit hat die amerikanische Essgewohnheit einen Teil deutscher Esskultur wenn nicht zerstört, so doch an den Rand gedrückt. Auch die Verdrängung des guten alten "Tante-Emma-Ladens" durch perverse Einkaufszentren (hier ist "center" die beste Bezeichnung!) hat seine spürbaren Auswirkungen auf das Miteinander: aus "cash and carry" wird dann manchmal sogar "catch and carry".

Wenn es nun in der Schlemmer-Abteilung des Kaufhauses, im Salat-Corner oder im Gesundheits-Center lauter verschiedene "dressings" für Salate gibt, dann mag man sich schon fragen, ob nicht durch die viel verständlichere Bezeichnung "Salatsoßen" auch die des Englischen nicht kundigen Hausfrauen zu Käufern würden. Auch dann, wenn sie wieder durch Leuchtreklame auf diese Soßen aufmerksam gemacht werden, statt durch die heute üblichen "city-light-poster".

Ein "allround-man" ist etwas anderes als ein ganz runder Mann und die mögliche deutsche Übersetzung "ein rundum begabter Mensch" ist eben doch nicht dasselbe wie ein "allround-man", mit dem man immer etwas Praktisch-Dynamisches verbindet. Die Deutschen hatten für den "allround-man" nach dem Kriege die Bezeichnung "der macht aus Kacke Rosinen" und fassten mit dieser bildhaften Analsprache alle praktischen Fähigkeiten zusammen, die ein Mensch haben musste, um das Wenige, was es gab, sinnvoll zu verwerten. Hier hat das Amerikanische uns den guten Dienst erwiesen, einen vulgären Ausdruck aus der Sprache zu verbannen.

Die englische Eigentümlichkeit "breakfast" und "lunch" zu einem "brunch" zu verbinden ist mitunter löblich und erleichtert auch der deutschen Hausfrau die Arbeit. Man kann solch einen "terminus technicus" stehen lassen. Ein "Insider" ist etwas anderes als ein "Innenseiter". Das deutsche Wort "Eingeweihter" klingt dagegen mystisch-geheimnisvoll.

Es gibt englische Ausdrücke, die präzise sind und für die deutsche Ausdrücke fehlen. Gegen sie ist nichts einzuwenden. Kritische Besinnung hingegen ist da angebracht, wo um der englisch-amerikanischen Ausdrucksweise willen die deutsche entstellt wird.

"Ich rufe Sie zurück" hieß im Deutschen bis vor zehn Jahren nur: Sie gehen weg, und ich rufe Sie, damit sie zurückkommen. Es ist nicht einzusehen, warum wir es jetzt nach englischem Vorbild (I call you back) am Telefon verwenden sollten in der Bedeutung: "Ich rufe Sie gleich wieder an."

Besonders entstellt wird also die deutsche Ausrucksweise durch (falsch) übersetzte englische Redewendungen. "It makes no sense" heißt eben nicht "das macht keinen Sinn", sondern im Deutschen immer noch: "das ergibt keinen Sinn".

Genauso verhält es sich mit dem "Treffen". Nach deutscher Grammatik muss es heißen: Ich treffe mich morgen mit meinem Bruder (engl.: I'll meet my brother). Zu sagen "ich treffe morgen meinen Bruder" - wie sich das so trifft - wäre eine kühne Prognose, falls dieses Treffen nicht verabredet ist. Sonst treffe ich mich mit meinem Bruder.

In der Vergangenheitsform wird das deutlicher. Sagt man: "Ich traf gestern meinen Bruder", dann weiß jeder, dass dieses ein zufälliges Aufeinandertreffen war. Sagt man: "Ich traf mich gestern mit meinem Bruder", weiß jeder, dass es eine Verabredung ("meeting" oder "rendezvous") war. Ein anderer, weit verbreiteter Amerikanismus, zumal in der Wirtschaftswelt ist die Formulierung: "Die Geschäftsentwicklung in 1990" statt einfach und richtig zu sagen: "Die Geschäftsentwicklung 1990" (engl: The development in 1990).

Verwirrend ist der Ausdruck "top". Top bedeutet eigentlich so viel wie "super" und "total", es ist einer der typischen Superlative unserer mit allen Superlativen großgewordenen Kinder. Wenn nun auf einem Cabriolet im Winter ein "hard top" ist, dann weiß keiner, ob da etwas "Superhartes" drauf ist, irgendetwas "Spitzenmäßiges", oder ob "top" in dem Fall nicht doch einfach nur "Dach" heißt - es könnte ja immerhin auch Spitze (im Sinne von Dachfirst) heißen. Der von der Autobranche erfundene Ausdruck "hard top" ist für Deutsche Unsinn. Da ist es doch einfacher zu sagen: dieser Wagen hat für den Winter auch ein festmontierbares Dach. Das "chect" - oder "chequet" dann jeder.

Warum neuerdings viele für ihre "Fitness" joggen, statt für ihre Gesundheit Dauerlauf zu machen, bleibt genauso rätselhaft wie die "power", die viele hier freisetzen. Joggen ist "in". Mitunter wohl auch, weil man dem "trouble" vom "business-Alltag" entlaufen möchte. Könnte man nicht genausogut den Trubel des Geschäftslebens hinter sich lassen wollen?

Man tut gut daran, sich an Tucholskys zynischen Spruch über die englische Sprache zu erinnern - und das nicht nur bei Wörtern wie "trouble" -. Er behauptete, Englisch sei eine leichte, aber zugleich auch eine schwere Sprache, denn sie bestehe aus lauter Fremdwörtern, die falsch ausgesprochen würden.

2.4. Plastikwörter

Für die Art von Wörtern, von denen jetzt die Rede sein soll, eignet sich nichts besser, als die Bezeichnung "Plastik". Plastik ist ein faszinierender Werkstoff - er hat die Welt verändert. Ein paar Kügelchen stehen am Anfang, sie werden zusammengewürfelt, geschmolzen, gefärbt und geformt. Plastik ist biegsam, bunt und - das vor allem - unendlich haltbar. Er ist der Grundstoff, aus dem man machen kann, was man will. Holz hat seine Grenzen, Metall hat seine Grenzen, Beton hat seine Grenzen, Plastik ist nahezu grenzenlos. Alles wird machbar, formbar, gestaltbar.

Die neue bunte Welt des Plastiks ist da: wenige Grundstoffe stehen zur Verfügung, aus ihnen wird alles. Plastik ist der Bausatz des Industriestaates: ein paar wenige Grundelemente werden immer neu zusammengesetzt zu immer neuen Formen. Die Endprodukte wiederum können wissenschaftlich zurückgeführt werden auf diese Grundstoffe.

Die ganze Welt im Baukasten: Elemente des gesamten Daseins, unter die alles subsumiert wird. Auf dem Produktionsband des Plastiks spiegelt sich die Welt, was hier in wenigen Sekunden oder Minuten abläuft, ist das Grundprinzip wissenschaftlicher Auffassung allen Werdens: wenige Grundbausteine, immer neu zusammengesetzt, Schöpfung, Evolution, Geschichte, Sprache, Politik stehen unter demselben Gesetz. Huxleys "brave new world" hat sich ihre Erklärung gegeben.

Aus dem Wort "Plastik" und aus dem Wort "Wörter" kann man das Wort "Plastikwörter" bilden. Das Vorgehen entspricht dem Bausteindenken der Plastikwelt: Plastik plus Farbstoff = Plastiktüte. Na bitte – es scheint zu funktionieren. Der Satz enthält übrigens erklärende Wörter, die genauso gebildet werden: Plastik + Welt = Plastikwelt; Plastik + Tüte = Plastiktüte; Plastik + Wörter = Plastikwörter.

Ist das nicht wunderbar mathematisch? Das kann doch jeder nachvollziehen, oder?

Diffuse Eindrücke werden auf einen Begriff gebracht, an einen Namen geheftet, und dieser Name gewinnt nun eine gewisse Selbstständigkeit

Spüren wir dieser Art von Wortbildung nach, so finden wir besorgniserregende Gesetze und "die Sprache erscheint, wenn man den Blick nur auf sie richtet, wie ein gläsernes Gerüst, wie ein Skelett, aus dem sich die Gestalt der Welt klarer ablesen lässt als an ihrer sinnlichen Präsentation."[12] Mehr noch: die Sprache, ihre Entwicklung und ihre Bildungsgesetze, geben klare Erkenntnisse über Gesellschaft und Geschichte. "Die Wörter ähneln... den Schwimmkugeln eines Netzes. Sie sind nicht isoliert, sondern zwischen ihnen gehen die Fäden hin und her wie zwischen

---

[12] Uwe Pörksen, Plastikwörter - die Sprache einer internationalen Diktatur, Stuttgart 1982, 19.

Knotenpunkten und insgesamt ergibt sich ein Netz, das unser Bewusstsein von der Welt überwölbt und vielleicht gefangenhält." (ebd.)

Es geht hier um Plastikwörter, um jene Wörter, die gebildet, konstruiert, erfunden und benützt werden wie der Werkstoff Plastik und die unser Denken und Sprechen prägen.

Die Planierung der Sprachenlandschaft durch allgemein verständliche Plastikwörter hat eine eminent politische und geschichtliche Bedeutung.

Gehen wir zur Darstellung dieser These ins Labor der Wirklichkeit, in jenen Bereich, in dem Plastikwörter fabriziert werden. Es sieht hier beinahe aus wie in den Werkstätten der experimentellen und konkreten Poesie: an dem beinahe liegt freilich viel.

"Schon die alphabetische Anordnung der Plastikwörter macht erkennbar, dass sie dazu tendieren, Sätze zu bilden, auch ohne Verben, die, wie man so richtig sagt, eine geringe Rolle spielen: Arbeit, Arbeitskraft, Arbeitsplatz, Ausbildung, Austausch, Beziehung, Erziehung, Energie, Entscheidung, Entwicklung, Faktor, Fortschritt, Funktion, Gesundheit, Grundbedürfnis, Identität, Information, Kommunikation, Konsum, Kontakt, Lebensstandard, Leistung, Lösung, Management, Modell, Modernisierung, Partner, Planung, Problem, Produktion, Projekt, Prozess, Qualität, Ressource, Rolle, Dienste, Sexualität, Strategie, Struktur, Substanz, System, Versorgung, Verwertung, Wachstum, Wert, Zentrum, Zukunft...

Die Wörter sind in beunruhigender Weise austauschbar, sie lassen sich gleichsetzen, in einer Kette von Gleichsetzungssätzen aneinanderreihen. Es scheint immer wieder Sinn zu geben: "Information ist Kommunikation. Kommunikation ist Austausch. Austausch ist eine Beziehung. Beziehung ist ein Prozess. Prozess bedeutet Entwicklung. Entwicklung ist ein Grundbedürfnis. Grundbedürfnisse sind Ressourcen. Ressourcen sind Probleme. Probleme bedeuten Dienstleistung. Dienstleistungssysteme sind Rollensysteme. Rollensysteme sind Partnersysteme. Partnersysteme bedeuten Kommunikation. Kommunikation ist eine Art von Energieaustausch".[13]

Diesen Schwachsinn kann man beliebig fortsetzen, ein paar wenige Wörter genügen, um ständig mitreden zu können, je internationaler die Kongresse und Talkrunden werden, um so weniger solcher Wörter müssen dazu herhalten, immer neue, abstrakte, inhaltsleere, nichtssagende Sätze zu bilden. Die oben aufgezählten Plastikwörter reichen schon hin, um im Bundestag bei irgendeiner Debatte den Eindruck zu erwecken, etwas von der Sache zu verstehen.

Unweigerlich entsteht bei Texten oder Reden, die von Plastikwörtern durchsetzt sind, der

---

[13] Pörsken 79f.

Eindruck der Leere. Das nämlich ist ein weiteres Merkmal von Plastikwörtern: sie wirken rein, wissenschaftlich, abstrakt.

Und in der Tat ist der Weg, den sie in die alltägliche Gebrauchssprache beschreiten, der über die Wissenschaft: Sexualität, Sozialverhalten, Kommunikation usw. sind eigentlich Fachbegriffe aus einem bestimmten naturwissenschaftlichen Forschungsgebiet. Hier wurden sie zunächst erzeugt, gereinigt und geheiligt sowie mit jenem Nimbus der Unfehlbarkeit behaftet, der ihnen nun auch in ganz anderen inhaltlichen und sprachlichen Zusammenhängen Autorität verleiht: Kinder werden zu Graugänsen, was ihr Sozialverhalten betrifft, Sich-Liebende zu Affen oder Walen, was das Sexualverhalten betrifft und jeder Sprechende wird zum Würdenträger von Ergebnissen neuerer Sprachforschung, indem er zum Kommunikationspartner avanciert. Es sind die Experten, die Forscher und Wissenschaftler, die die Elementbausteine für die verschiedenen Gebiete durchdeklinieren und sie mit den für diese Sektoren typischen Vokabeln versetzen. Sie sind die Funktionäre der Verwirklichung.

Typisch für "Plastikwörter" ist, dass sie in der Wissenschaft etwas anderes besagen, als im Alltag. Der Terminus wird in der Umgangssprache zu einem amorphen Begriff. "Der Schein spricht dagegen, denn das Lautbild ist ja das gleiche; es verklammert die Bereiche und bildet eine Brücke. Aber die Bedeutungen sind gelegentlich so verschieden, dass wir zwei

Wörter haben müssten. Es ist nicht unwichtig, das festzuhalten, weil die Eliten, die diesen Wortschatz in der Umgangssprache ausbreiten, besonders gerne im Namen von Wissenschaft und Aufklärung auftreten und deren Dialektik so gern erörtern.

Man erwäge den Gegensatz: Der Wissenschaftler ist grundsätzlich Herr seiner Sprache. Es ist geradezu sein Beruf, eingeführte Begriffe zu überprüfen und wo es nötig ist, neue Termini zu prägen. Das verwendete Wort oder Zeichen dient in erster Linie der Mitteilung einer Sache, der eindeutigen und abkürzenden Verständigung über sie.

Deshalb bevorzugt man bei der Prägung von Begriffen sprachliches Material, das nicht eingebettet ist in das Laut- und Bedeutungsfeld der Umgangssprache, man verwendet Abkürzungssymbole, Eigennamen, griechisches oder lateinisches Vokabular, das den Begriff am leichtesten mit einem frei definierten Inhalt verknüpfen lässt.

Ein Benutzer der gestalt- und gehaltlosen Plastikwörter ist ein Sklave dieser Worte. Er hat gar nicht die Möglichkeit, sie zu überprüfen, statt dessen aber vielleicht die Illusion, ein umfassendes Gebiet in ihnen zu überblicken. Geschichte des Übergangs der wissenschaftlichen Begriffe in die Umgangssprache ist eine Geschichte der Aufklärung und spiegelt eine Erweiterung des Wissens.[14]

---

[14] Vgl. Pörsken 57f.

Aber es ist eben nur ein Spiegel, ein Trugbild, eine Verführung, denn unter dem Anschein der Wissenschaftlichkeit von Wörtern, ihrer Allgemeingültigkeit und Abstraktion, verliert der Bezug zum Inhalt, zu dem, was man eigentlich sagen will, seine Bedeutung: man denkt nicht mehr in Sätzen, sondern immer häufiger in Wörtern. Die amorphen Plastikwörter "sind in ihrer diffusen, inhaltsleeren Allgemeinheit nicht bildhaft oder aggressiv oder zielgerichtet, sondern scheinbar neutral. Unauffällig wandern sie ein, Brückenträger geheiligter wissenschaftlicher Herkunft, und deuten den Alltag." (ebd. 61)

Das alles mag plausibel klingen. Was aber hat es nun im engeren Sinn mit Sprache zu tun?

Nun, insofern die Sprache den Menschen und sein Denken prägt, muss man sich angesichts der Plastikwörter fragen, ob an ihrer formelhaften Verwendung nicht die allgemeine Verdummung erkennbar ist, dies umso mehr, als sie wegen ihrer kühlen Wissenschaftlichkeit zunächst nicht leer und dumm wirken; im Gegenteil: mit diesen Plastikwörtern lässt sich eine Sachlage schlagartig ordnen und auf denkbar primitivste Weise so auf eine Formel bringen, dass jeder, der dies tut, sich der grenzenlosen Bewunderung seines Auditoriums sicher sein kann.

Nehmen wir als Beispiel das scheinbar so harmlose Wort 'Kommunikation'. Ich fragte einmal einen Bekannten, wie es um seine Beziehung (auch so ein Plastikwort) steht und er antwortete mir: "Eigentlich sind wir uns sehr einig, nur mit der Kommunikation gibt es Probleme." Was hat er nun eigentlich gesagt? Faktisch nichts!

Er hat das Wort Kommunikation als Plastikwort verwendet, um eine (zwischen-)menschliche Wirklichkeit zu umschreiben. Strittiges wurde dabei vertuscht, Unstimmigkeiten, an die er vielleicht nicht gern erinnert werden wollte, erschienen unter der Bezeichnung Kommunikationsproblem als lösbare Schwierigkeit, und Widrigkeiten wie eine physikalische Größe. Unter dem Wort Kommunikation erscheint die ganze Beziehung nicht anders als etwa eine schwere mathematische Gleichung.

Das Vieldeutige des Begriffes "Kommunikation" stiftet Konsens, denn es bezeichnet eigentlich fast nichts: das Wort vermittelt keine Anschauung mehr, im Gegenteil, es entzieht die tatsächliche, lebendige Welt der Anschauung. Die Beziehung zwischen zwei Menschen wird so zu einem scheinbar neutralen Abstraktum und zu einer wissenschaftlichen (?) Größe wie Geburtenrate oder Bruttoinlandsprodukt.

Das Wort "Kommunikation" hat sich verselbstständigt und von seinem ethymologischen Kontext abgelöst. Es wirkt selbst wie ein handelndes Subjekt: Das waren nicht wir, die gestritten haben, das sind nicht wir, die wir uns nicht verstehen, dafür müssen wir nicht gerade stehen; Schuld an all dem ist nur der Zustand: Kommunikationsproblem. Die menschliche Beziehung – um noch bei dem Beispiel zu bleiben – erscheint sauber, abstrakt, schmerzlos, staubfrei und steril, empfindungslos und wertfrei. Beziehung aus dem Labor: zusammengesetzt aus den Bausteinen Sexualität – Kommunikation – Sozialverhalten.

Eine neue Welt wird gebastelt, der Schlüssel definitiver Interpretationen ist geliefert, es gibt nichts mehr zu lernen.

Die Betrachtung des Plastikwortes "Kommunikation" macht deutlich, wovor gewarnt werden soll: es geht nicht darum, die Abstrakta im allgemeinen zu verwerfen, sondern gegen die aus der Wissenschaft entlehnten fertigen Bausteine, die Stereotype, die, hochgradig abstrakt, in der Umgangssprache wie Chiffren wirken, und denen die Beweglichkeit und Lebendigkeit umgangssprachlicher Begriffe ausgetrieben ist.

Die Begriffe der Umgangssprache, die von Augenblick zu Augenblick treffend gebraucht werden können, verdrängen und ersetzen sie nicht. Plastikwörter okkupieren, ausgestattet mit der Autorität der Wissenschaft und ihrem universellen Erklärungsanspruch, die Umgangssprache und ihre oft differenzierten Ausdrucksfelder.

Es sind einstige Sätze, die stereotyp geworden sind, verfestigte Prädikate, die, vergegenständlicht, Selbstständigkeit angenommen haben und breite Wirkungen entfalten. Eben dadurch werden sie zu den Schlüsselbegriffen unserer Alltagswelt.

Die tatsächliche, bunte und lebendige (Beziehungs-)Welt wird unter Plastikwörtern zum Verschwinden gebracht, aber gerade dieses wird durch ihren wissenschaftlichen Charakter verdeckt.

Plastikwörter vertuschen die Wirklichkeit, indem sie ihr nicht sensibel nachzuspüren versuchen, sondern gerade von ihr wegführen. Die unendliche Vielfalt von Ansichten, die facettenartigen Brechungen, abwägendes Für und Wider, vorsichtiges "sowohl als auch" beim Nachspüren der Gegebenheiten, rücksichtsvolle Einfühlung in die handelnden Menschen und bescheidene Herzensformung für sich selbst – alle einstmals als Tugenden beschriebenen Haltungen des Forschens und Denkens – werden durch eine völlig neue Sprache wegplaniert und ich sehe die Gefahr, dass diese Sprache auch die Menschen prägt.

Plastikwörter kennzeichnen den neuen Herrenmenschen, sie nehmen der Natur das Geheimnis, sie plätten, generalisieren, pressen zusammen, abstrahieren, entleeren, universalisieren und sie verdrängen die Vielfalt anderer, schönerer, rücksichtsvollerer Begriffe.

Anstelle der inneren Werte treten die platten Leerformeln quasi-wissenschaftlicher Macher und das grauenvolle Plastikwort "Fortschritt" erklärt jene für hoffnungslos hinter der Zeit, die sich nicht mit ihren Etiketten abgeben.

"Wir befinden uns im Zeitalter des Fortschritts" ist Gegenwartsinterpretation mit einem Plastikwort. Das klingt neutral, feststellend, dagegen ist nichts zu sagen. Aber aufgepasst: gemeint ist eigentlich ein Imperativ! Es ist ein alter Kniff der Propaganda, das erwünschte Zukunftsbild als gegenwärtigen Sachverhalt auszugeben.

Wir werden aufgefordert zu erkennen: im Zeitalter des Fortschritts ist der Mensch ein fortschrittbedürftiges Wesen. Die indikativischen Sätze mit Plastikwörtern sind häufig versteckte Handlungsanweisungen, Parolen, von denen man hofft, dass sie zu wirksamen Schlagwörtern werden.

Aber die Interpretation menschlicher Beziehungen mit Plastikwörtern ist die unverfrorenste, arroganteste und kälteste Form besserwisserischer Hochnäsigkeit, die unter dem für die Plastikterminologie so irreführenden Anschein des wissenschaftlich Korrekten jede Menschlichkeit, jedes echte Mitfühlen und hörendes Hinein-Empfinden in Menschen, Schicksale, Situationen und Vorgänge brutal vernichtet.

Die ganze Welt im Stile von Playmobil, die ganze Menschheit und ihre Geschichte als kids, boys, girls und freaks.

Dieser Vorstellung entspricht die eigentümliche Veränderung unserer Sprache. Abstrakt und leer, wie die Begriffe oft geworden sind, "scheinen sie kaum noch menschlich zu sein, nein, sie überschreiten ständig den Bereich des Menschlichen. Sie annullieren die Ethik in der Lebenswelt. Eine metaphorische Kolonisation entstellt das Leben zum Labor. Das Labor arbeitet in infinitum. Kommunikation, Information, Sexualität - es sind ja Idealisierungen, in ihrer Abstraktheit potentielle Unendlichkeiten, die dem Menschen zugeschrieben werden. Die zugeschriebene mathematische idealisierte Natur wird wie von selber zum endlosen Programm".[15]

Fassen wir die Merkmale der Plastikwörter nochmals zusammen:[16]

- Herkunft und Gebrauchsweise:

Die Wörter werden nicht in den jeweiligen Zusammenhängen nuanciert und festgelegt, dem Sprecher fehlt die Definitionsmacht.

Sie sind als vom konkreten Zusammenhang unabhängige, "kontextautonome" Wörter, äußerlich den Termini der Wissenschaft verwandt, haben freilich nicht deren präzise definierte, von einem Assoziationshof freie Bedeutung. Die Verwandtschaft liegt in der angenommenen Konstanz der Bedeutung, in der genormten Selbstständigkeit dieser Wörter; sie sind die gemeinsprachlichen Neffen der Termini: Stereotype.

---

[15] Pörsken… 115
[16] Zitiert bei U. Pörsken… 118-121.

Sie sind in der Regel gemeinsprachlicher Herkunft, aber vom Durchgang durch die Wissenschaft geprägt. Es sind Rückwanderer aus der Wissenschaft.

Sie haben den Charakter von Metaphern insofern, als sie vom wissenschaftlichen Bereich in den der Lebenswelt übertragen sind und zwei an sich durch eine Kluft getrennte Sphären kurzschließen. - Sie unterscheiden sich von Metaphern dadurch, dass sie nicht Bildhaftes mehr haben, dass sie nicht, wie jeder Vergleich, ein wenig zu 'hinken' scheinen.

Um so stärker ist ihre projektive, den Zielbereich verändernd beleuchtende und interpretierende Wirkung. Eine übertragene Sprache wirkt ja um so mehr, je unauffälliger der metaphorische Charakter geworden und je weniger er bewusst ist. Dann werden diese Wörter zu den allgemeinen Selbstverständlichkeiten, den Hintergrundkonzepten in unserem Denken.

- ▪ Umfang:

Die Wörter tauchen in ungezählten Kontexten auf, sie sind räumlich oder zeitlich in ihrem Anwendungsgebrauch kaum begrenzt.

Sie ersetzen und verdrängen den Reichtum an Synonymen. Synonyme sind ja nicht bedeutungsgleiche, sondern bedeutungsähnliche Wörter, für die es ebenso viele oft zart unterschiedene Kontexte gibt. Man weiß bis dahin, in welchen sachlichen und sozialen Zusammenhang welches Synonym gehört. Nun gibt es ein "Mädchen für alles", ein Allerweltswort.

Sie ersetzen und verdrängen das verbum proprium, das im jeweiligen Zusammenhang "sitzende" richtige Wort, durch ein unspezifisches allgemeinerer Art.

Sie ersetzen eine indirekte Sprechweise oder ein Schweigen im bisherigen Sprachgebrauch und machen es dem Zugriff stereotyper Allgemeinheiten zugänglich.

∎ Inhalt:

Die Bedeutung der Wörter ist, wenn wir sie nicht von ihrem Geltungsbereich, sondern von ihrem Inhalt her, nicht Extension, sondern Intension zu fassen suchen, reduziert auf u.U. nur ein Merkmal. Hier wirkt sich das aus der Logik bekannte Gesetz der umgekehrten Proportionalität von Umfang und Inhalt aus: je größer der Umfang, um so geringer der Inhalt, je geringer der Inhalt, um so größer der Umfang. Es sind Wörter, die ein riesiges Feld auf einen Nenner bringen und einen diffusen und inhaltsarmen Universalitätsanspruch erheben.

Der Bezugsgegenstand, der Referent, ist mit anderen Worten nicht leicht zu fassen; die Wörter sind gegenstandsarm, wenn nicht gegenstandslos. Gelegentlich sieht es so aus, als seien sie den nachklassischen Begriffen der neueren Physik verwandt: rein imaginär, bedeutungslos, selbstreferent, und nur als Spielmarken funktionierend. Höhlt sich, parallel zum Gebrauch der Spielmarken in den

Denkgebäuden der Mathematik und Physik, die menschliche Sprache aus?

- Geschichte als Natur:

Den Wörtern fehlt die geschichtliche Dimension, nichts an ihnen weist auf eine geographische und historische Einbettung hin. Sie sind insofern flach, sie sind neu und sie schmecken nach nichts.

Sie deuten Geschichte um in Natur und verwandeln sie in ein Labor. Sie dispensieren von der Frage "gut" oder "schlecht" und bringen sie zum Verschwinden.

- Gewicht von Konnotation[17] und Funktion:

Bei den Wörtern dominiert statt der Denotation die sich in Ringen, in Wellen ausbreitende Konnotation; an die Stelle der Bezeichnungskraft tritt die Ausstrahlung scheinbarer Aufklärung.

Ihre Konnotation ist positiv, sie formulieren ein Gut oder liefern den Schein einer Einsicht.

Bei ihrem Gebrauch dominiert die Funktion der Rede, nicht ihr Was. Diese Wörter sind eher ein Instrument der Unterwerfung als ein Werkzeug der Freiheit.

- Allgemeine Wirkung:

Durch ihre unendliche Allgemeinheit erwecken sie den Eindruck, eine Lücke zu fül-

---

[17] Die Grundbedeutung eines Wortes begleitende, zusätzliche Vorstellung, z.B. bei dem Wort "Mond" die Gedankenverbindung: Nacht, romantisch, kühl, Liebe.

len, befriedigen sie ein Bedürfnis, das vorher nicht bestand. Mit anderen Worten: sie wecken es. Der Nenner, auf den sie ihre umfassenden Anwendungsbereiche bringen, enthält unvermeidlich einen futurischen und imperativischen Index, fordert, dass diese Bereiche dem Namen entsprechen sollen, macht auf Defizite aufmerksam.

Ihre asoziale und ahistorische Naturhaftigkeit verstärkt diesen Sog. Auch ihr Assoziationshorizont fordert auf zur Verwirklichung. Ihre vieldeutige Allgemeinheit stiftet Konsens, sie sind mehrheitsfähig.

- ■ Gesellschaftliche und wirtschaftliche Brauchbarkeit:

Ihr Gebrauch hebt den Sprecher ab von der unscheinbaren Alltagswelt und erhöht sein soziales Prestige; sie dienen ihm als Sprosse auf der sozialen Leiter.

Sie übertragen, statt einer assoziierbaren satzmäßigen Definition des Begriffs, seines "Inhalts", die Autorität der Wissenschaftlichkeit in die Umgangssprache: sie bringen zum Schweigen. (...)

Diese Wörter bilden die Brücke zur Welt der Experten. Ihr Inhalt ist u.U. nicht mehr als ein weißer Fleck, aber sie vermitteln die "Aura" einer Welt, in der man über ihn Auskunft zu geben weiß. Sie verankern das Bedürfnis nach expertenhafter Hilfe in der Umgangssprache. Sie sind geldträchtig: Ressourcen.

Sie sind frei kombinierbar, bieten sich geradezu an, sich durch Ableitungen und Zusammensetzungen zu vermehren, haben eine entschiedene Neigung zu Kombination und Multiplikation. Das macht sie zu einem geeigneten Instrument in der Hand der Experten: zur raschen Herstellung von Wirklichkeitsmodellen.

■ <u>Zeit und Ort der Verbreitung:</u>

Durch ihre wissenschaftlich autorisierte Objektivität und die ihr entsprechende Universalität lassen sie die älteren Wörter des Umgangs als ideologisch erscheinen. Ein Wort wie "Kommunikation" lässt bisherige Wörter - Gespräch, Unterhaltung, Plausch - plötzlich veralten.

Die Wörter erscheinen als neuer Typus. Es gibt in der neueren Geschichte offenbar, von Epoche zu Epoche, eine sich verän-dernde Einführung solcher Neulinge. Der Typus, der 1930 einen Kurswert hatte, ist ein anderer als 1980. Dieses Vokabular ist, wenn auch zeitverschoben, international.

■ <u>Beziehung zur Verständigung ohne Worte:</u>

Die Wörter werden nicht durch Ton, Mimik und Gestik verdeutlicht und sind nicht durch sie ersetzbar.

3. Die Sprache lässt unser Bewusstsein hell werden
(K. Jaspers)[18]

3.1. Jugendsprache

Ein ganzes Buch könnte man über die Sprache der "young generation" oder "Teenager" schreiben. Sie ist so eigenständig, wie die (Sub-)Kultur, in der die jungen Leute oft leben. Wie viele Begriffe gibt es allein für Heroin oder andere Drogen: Stoff, age, sugar, Gras oder für die Tätigkeit des Drogen einnehmens: spritzen, fixen, drücken, jagen, schießen, kiffen.

Alle diese Wörter haben ähnlich wie oft die Fremdwörter in der gehobenen Sprache den Sinn zu verschleiern. Ich habe mir angewöhnt, diese sprachliche Beschönigung nicht mitzumachen und sage konsequent Heroin, Haschisch, oder - wenn von Drogen allgemein die Rede ist - Gift. Immer wieder kann ich dann feststellen, wie ungern die Beteiligten und Angesprochenen in dieser Deutlichkeit mit dem, was sie tun, sprachlich konfrontiert werden wollen. Aber ihnen durch sprachliche Verwässerung ein rosigeres Leben vorzugaukeln, als sie es tatsächlich führen, ist amoralisch. Ein "Trip" oder ein "Schuss" klingt eben doch harmloser als: "Heroin spritzen".

---

[18] Dem Kapitel "Binnensprachen" aus dem Buch "Sprachsouveränität" ist der Abschnitt "Emotionssprache" und "Computersprache" neu hinzugefügt, das Kapitel "Militärsprache" habe ich gestrichen, da dieses mir nicht mehr aktuell zu sein scheint.

Etwa mit dem Aufkommen der Drogen in Deutschland und dem gleichzeitigen Aufkommen einer entsprechenden Szene-Sprache kam besonders eines dieser Wörter in die seriöse Sprache: Bewusstseinserweiterung.

Es ist allgemein bekannt, dass Drogenmissbrauch zu dem mit diesem Wort bezeichneten Phänomen führt. Wer allerdings nichts mit Drogen zu tun hat, bei dem kann sich auch keine Bewusstseinserweiterung einstellen. Dass wir also irgendwelche Neuigkeiten als Bewusstseinserweiterung bezeichnen, liegt durchaus nicht an der Tatsache, dass man sich an Neuigkeiten auch berauschen kann, sondern schlicht daran, dass hier "Bewusstseinserweiterung" mit "Wissenserweiterung" verwechselt wird: "Das, was ich gestern gehört habe, war für mich eine Bewusstseinserweiterung."

Diese Aussage ist falsch. Gemeint ist vielmehr: ,,Das, was ich gestern gehört habe, war für mich eine Wissenserweiterung''.

Wissenserweiterung ist allerdings ein unschönes Wort. Warum sollte man nicht schlicht zugeben, dass einem irgendetwas "neu" war. Das vermeidet die ohnehin unschönen Nomina und klingt erfreulich schlicht: "Das, was ich gestern gehört habe, war für mich neu."

Es gibt eine ganze Reihe an unsinnigen Ausdrücken, die nichts anderes als ein Super-Superlativ sein sollen, die Aussagen sollen, dass irgendetwas "alleroberste Spitzenspitze"

(Udo Lindenberg) ist; zu diesen gehören beispielsweise:
- ätzend
- cool
- flockig
- kolossal
- locker
- stark
- super
- total
- turbo
- wahnsinnig,

um nur einige der harmloseren zu nennen und wegen geistigen Ekels, die der Analsphäre entstammenden Ausdrücke diskret zu verschweigen.

Darüber sei kein unnützes Wort geschrieben. Glücklicherweise gehören diese Wörter nur zum Stammvokabular der Jugend und werden bei zunehmendem Alter auffällig seltener verwandt.

Einige dieser Ausdrücke, die ich mit zur Jugendsprache zähle, bleiben jedoch auch den Erwachsenen erhalten und wirken dann oft künstlich und gewollt.

W. E. Süskind hat schon in seinem "Wörterbuch des Unmenschen" das Wörtchen "echt" aufgenommen und darauf hingewiesen, dass dieses Adjektiv eigentlich nur über die Zugehörigkeit oder Nichtzugehörigkeit zu einer Kategorie entscheidet, es aber im allgemeinen Sprachgebrauch hinübergeschmuggelt werde "ins Magazin der Beteuerungen und Schmuckwörter".

Dazu meint R. W. Leonhardt: "Wir wissen nicht nur echt schottische Wolle und echt schottischen Whisky zu schätzen. Es muss ja auch den Herstellern vergönnt sein, die Unverwechselbarkeit ihrer Produkte gegen alle Tücken der Nachahmer herauszustellen.

Wir sind sogar bereit, jemandem den Ausdruck 'echter Sorge' abzunehmen, und argwöhnen nicht gleich, seine Sorge sei sonst wohl zuweilen nicht ganz echt, also keine Sorge gewesen. 'Echt' ist zu einem vielfach redundanten, oft überflüssigen Wort geworden. Gerade dadurch eignet es sich so gut für die Reden von Leuten, denen es aus politischen Gründen darauf ankommt, mit möglichst vielen Wörtern möglichst wenig zu sagen. Aber... das Adjektiv 'echt' hat sich nicht nur hinübergeschmuggelt in den Bereich der billigen Beteuerungen, sondern auch - ein sprachlich viel aufregender Vorgang - in den Bereich des Adverbs.

Eine jüngere Generation drückt das Gütesiegel 'echt' nicht mehr Produkten, sondern auch Handlungen und vor allem Eigenschaften auf. Die jungen Deutschsprecher haben schon zu oft gestaunt über die Welt, in der sie leben, so dass sie einander dann immer wieder versichern müssen, sie seien diesmal aber 'echt erstaunt'. Und wo alles 'gut' sein will oder soll, lässt sich dieser fortwährende Anspruch auf Gutes doch am besten dadurch erhärten, dass man verkündet, dieser neue Sound sei nun aber wirklich 'echt gut', wo nicht gar 'echt super'.

Ich kann diese sehnsüchtige Verwendung von 'echt' als Adverb nicht gutheißen; ich kann aber auch nicht die geringste Spur von Unmenschlichkeit daran entdecken. Echt!"[19]

Diese Verwendung von "echt" findet man neuerdings in der Werbung, die sich ja in besonders dynamischer Weise der Jugendsprache anpasst. Was einstmals nur Geschmack hatte, hat jetzt "echten Geschmack" und was frisch ist, ist nun "echt frisch". Ich werde mich hüten, das echt komisch zu finden.

Statt "echt" findet man auch die Bezeichnung "absolut". Dieses hat heute aber weder irgendetwas mit Hegel noch mit Gott zu tun. Sondern, ähnlich wie "total" und "unheimlich", mit etwas Harmlosem. Das Wort wird auch oft als Bestätigung verwandt, als Antwort auf eine Aussage, die man voll und ganz teilt, in der Konstruktion: "Ich bin der Meinung, dass...", Antwort: "Absolut".

Absolut heißt "losgelöst" und bezieht sich in der Sprache der Philosophie auf Gott, der ganz anders ist als die Welt, der Absolute, oder - apersonal - das Absolute. "Absolut" wird häufig auch als Superlativ gebraucht: "absolut echt". In beinahe sämtlichen Konstruktionen

---

[19] Ders., Auf gut deutsch gesagt... 15f

dieser Art ist "absolut" absolut überflüssig. Es aus dem nichtphilosophischen Wortschatz zu streichen - und wer spricht schon in der Alltagssprache die Sprache der Philosophen? - ist ratsam (siehe dazu auch unter dem Abschnitt: religiöse Sprache).

Das Wörtchen "frustriert" ist nicht mehr ganz "in". Vielleicht ist der Zustand derer, die es ständig gebraucht hatten, inzwischen so frustrierend, dass bald ein neues Un-Wort aufkommt. Der gleiche Personenkreis empfindet heute oft nur noch "Wut und Trauer".

Dazu bemerkt das satirische Wörterbuch "Dummdeutsch": "Die Doppelleerformel tauchte wohl zum ersten Male im Zusammenhang der RAF-Vorgänge und des Todes von Rudi Dutschke auf... Wie weit es inzwischen mit der linken Wut und Trauer gekommen ist, illustriert der erstaunliche Fakt, dass ausgerechnet der Ex-Verteidigungsminister Apel im Zusammenhang mit der Nachrüstung und den damit verbundenen Problemen beides... zum Ausdruck brachte... Dieter E. Zimmer in seinem ZEIT-Aufsatz "Die Expedition zu den wahren Gefühlen" (wieder abgedruckt in: Die Vernunft der Gefühle, 1981) zitiert Jugendliche der Züricher Protestbewegung: "Ich fühle Trauer, Wut und Ohnmacht in mir", "Da packt Dich eine Wut...", "Heute werfe ich einen Molli, weil ich eine Wut, eine Angst, eine Trauer in mir vorgefunden habe".

Einen ganz besonderen "boom" erlebt das Wort: betroffen. Es wird in dem Sinn von "sensibel", "verletzlich", "verwundbar" verwendet und ist nach "Dummdeutsch" ein "Kernstück der neuen deutschen Schwerinnerlichkeit... Denn Betroffenheit bedeutet heute... wenig oder nichts mehr anderes als einen Euphemismus für Benommenheit, Benebeltheit, Behämmertheit, Gedankenlosigkeit".[20] Nun, dieses Urteil ist hart, aber es hat einen wahren Kern.

Ich habe mit einer Schulklasse dieses Modewort besprochen und folgenden Nonsens-Dialog erarbeitet:

Sprecher 1:
Herr Doktor, ich bin ganz betroffen....

Sprecher 2:
Wovon sind sie denn betroffen gemacht worden?

Sprecher 1:
Eigentlich bin ich schon betroffen gemacht gewesen, betreffs der Sache, die Sie und mich betrifft...

Sprecher 2:
Dann sind sie seit unserem letzten Gespräch betroffen gemacht gewesen lassen worden?

Sprecher 1:
Das schlimmste ist, dass ich schon betroffen gemacht gewesen worden war, als ich wiederum in dieses Betroffen-gewesen-Sein hinein betroffen gemacht worden bin!

---

20 Dummdeutsch... 16

Sprecher 2:
Was hat Sie denn in Ihrem "Betroffen-gemacht-gewesen-Sein" betroffen gemacht gehabt...?

Noch eines zur Jugend und ihrer Sprache. Wer einen Menschen verstehen will, der muss seine Sprache sprechen. Das heißt, wir kommen wohl um die hier als Jugendsprache beschriebenen Ausdrücke nicht herum. Wer daheim mit Kindern und im Betrieb mit Lehrlingen zu tun hat, der wird immer wieder neue Un-Wörter kennenlernen. Zum Teil muss man sie tolerieren, ja sogar selber verwenden, um nicht eine sprachliche Distanz zu schaffen, die im Gegensatz zu dem Bemühen um partnerschaftliche Zusammenarbeit steht.

Insofern ist die Jugendsprache nur bedingt eine Binnensprache; ihr Einfluss auf die Alltagssprache ist nicht unerheblich. Man muss die Menschen da abholen, wo sie stehen. Das darf aber nicht zur Aufgabe der eigenen Position, die sich in der Sprache äußert, stehen. Bei mir stieg einmal ein junges Mädchen ins Auto ein und stellte mit Freude fest, dass es ein Schiebedach hat. Auf meine Frage, was sie daran so "toll" fände, antwortete sie: "Da kann man nachts im Sommer rausgucken, wenn die Sterne so 'affenscharf' am Himmel stehen". Es wäre unsinnig, eine solche Aussage zu korrigieren oder kritisieren, schließlich wollte sie ja - freilich in ihrer Sprache - etwas Nettes sagen, genauso unsinnig wäre es allerdings, einen solchen Ausdruck in den eigenen aktiven Wortschatz zu übernehmen.

3.2. Feministische Sprache

Es ist durchaus normal, dass sich mit der inneren Gesinnung eine entsprechende Sprache verbindet. Dieser Vorgang geschieht jedoch in den seltensten Fällen bewusst. Die Jugendsprache ist keine bewusste, ideologisch geprägte und nach außen abgeschlossene Binnensprache. Sie ist lebendig, offen für Neues und in vieler Hinsicht auch witzig. Einzig bei der Drogensprache - die hier unter "Jugendsprache" behandelt ist - könnte man von einer Ideologie sprechen, denn sie repräsentiert eine in sich abgeschlossene (Sub-)Kultur. Aber auch hier bleibt fraglich, ob diese sprachliche Abgrenzung oder Eingrenzung bewusst geschieht, oder nicht doch den äußeren Zwängen, das Getane verbergen zu müssen, entwächst.

Bei der feministischen Sprache ist das anders. Sie ist eindeutig ideologisch geprägt und entsteht als bewusster Kontrast zur vermeintlich "maskulinen" (Normal-)Sprache. Sie will Akzente setzen und das ihrem Urteil nach zu kurz gekommene Weibliche gleichberechtigt neben das Männliche setzen. Wer sich an die von der feministischen Bewegung hervorgebrachten Regeln nicht hält, der wird als Chauvinist betrachtet. Dieses dem Französischen entstammende Wort "Chauvinismus" ist nach dem Fremdwörterduden "Umgangssprache" und bezeichnet "abwertend" einen "exzessiven Militarismus nationalistischer Prägung" in Verbindung mit männlicher, überheblicher Selbstgefälligkeit.

Leider jedoch müssen sich die Sprachschöpfer feministischer Prägung in vieler Hinsicht Ignoranz vorwerfen lassen. Es hat nicht das Geringste mit Chauvinismus zu tun, dass "Fräulein" und "Mädchen" sächlich sind, sondern liegt im Wesen der deutschen Grammatik, die nun einmal alle Verniedlichungen sächlich bildet:

der Stuhl - das Stühlchen
der Topf - das Töpfchen
der Baum - das Bäumchen, oder Bäumlein
der Mann - das Männchen, oder Männlein.

"Frau" ist auch grammatisch weiblichen Geschlechts. "Fräulein", die höfliche Verniedlichung, ist sächlichen Geschlechts. Es sind schon abenteuerliche Konstruktionen nötig, um Mann und Frau sprachlich gleich zu berechtigen. Natürlich kann man die Verniedlichungen weglassen, dann sagt man eben Frau statt Fräulein. Das ist immer noch einfacher, als nun ständig Mann/Frau zu schreiben, oder statt des "Vater unsers" das "Unsere Eltern im Himmel", wie es allen Ernstes schon praktiziert wird, zu beten. Der Deminuitiv, die Verniedlichungsform, hat im Deutschen - anders als im Französischen - ohnehin keinen besonders großen Einfluss auf die Sprachentwicklung gehabt.

Und da wir gerade beim Thema sind: besonders die Kirche hat in der letzten Zeit offenbar einen "Feministenfimmel" bekommen. Da erhielt ich vor einigen Wochen einen offiziellen Brief vom Ordinariat in dem konsequent

- immerhin! - Mann/Frau geschrieben stand, obwohl der Brief sprachlich erhebliche Mängel hatte.

Es wird oft angemerkt, von der Bibel her begründe sich die Unterordnung der Frau, aber dies ist Unsinn. Dass nach dem (zweiten) Schöpfungsbericht zuerst der Mann geschaffen wird und dann die Frau, ist eine Aufwertung des Weiblichen: der Mann wird aus dem Ackerboden genommen und die Frau vom Höchsten, was es gab, nämlich vom Manne.

Übrigens ist im orientalischen Denken noch viel tiefer das Wissen verwurzelt, dass derjenige, der Hilfe leistet, der Größere ist (im Deutschen noch spürbar beim Wort: "Nachhilfeunterricht"). Wenn also Eva dem Adam als Hilfe geschaffen wird, dann zeigt das gerade seine Hilflosigkeit. Bräuchte Adam nur eine Hilfe bei der Bestellung des Ackers, wäre ihm ja mit der Schöpfung eines zweiten Mannes durchaus mehr gedient.

Ich habe mir angesichts dieses Kapitels über "emanzipatorische Sprache" überlegt, welche typischen Wörter sie verwendet. Ich habe viele Jugendliche und auch sogenannte "Emanzen" gefragt, ob sie solche kennen, aber außer den mir bekannten Wörtern "Chauvinist", "Emma" oder "Frauenbewegung" ergab diese Umfrage keine Neuigkeiten. Ein Jugendlicher wies mich immerhin auf eine der jüngeren Veröffentlichungen von "amnesty international" hin, die sich mit Frauenmisshandlung im westlichen Europa beschäftigt. Ich habe mir diesen Bericht besorgt, und er ist dem Inhalt nach erschreckend, der Sprache nach erfreulich, denn es gibt in ihm kein typisch emanzipatorisch ideologisches Wort, obwohl er doch ganz und gar Stellung für die Frau nimmt.

Ich vermute eben - und die Sprachlosigkeit vieler Befragter bestätigt es -, dass die Ideologie der Emanzipation nicht viele eigene gesprochene Wörter hervorgebracht hat. Sie schlägt sich vielmehr in der geschriebenen Sprache nieder. An Schulen und Universitäten hat sich die Schreibweise "SchülerInnen" oder "StudentInnen" eingebürgert, in seriöseren Schreiben "Herr/Frau".

Es ist diesbezüglich jedoch sinnvoll, daran zu erinnern, dass es in unserer Sprache auch sogenannte "abstrakte" Begriffe gibt. "Der Mensch" ist grammatikalisch betrachtet masculinum, weil das Wort sprachlich derselben Wurzel wie "Mann" entstammt, bezieht sich aber als abstrakter Begriff auf Mann und Frau in gleicher Weise. Wenn auf einer Schule 1.000 Schüler sind, dann ist dies die abstrakte Bezeichnung für die konkreten Schüler und Schülerinnen (SchülerInnen). Noch gravierender wird der emanzipatorisch-ideologische Missbrauch der Sprache bei dem Wort "Mitglied". Dies ist als abstrakter Begriff vielleicht gerade deshalb "neutrum", weil es Mann und Frau in gleicher Weise bezeichnet. Es ist völliger Unsinn zu schreiben: Der Verein hat 500 Mitglieder und Mitgliederinnen (MitgliederInnen).

Ähnlich ist in Konstruktionen wie "Wer schon einmal..., der...", abstrakt "der Mensch" angesprochen. Es wirkte doch zu gewollt, schriebe man: "Wer schon einmal..., der/die..."

Aber sogar bei der geschriebenen Sprache lässt sich emanzipatorische Schreibung nicht durchhalten. Denn es gilt grammatikalisch die Regel:

> *Je weiter sich das Fürwort, das Pronomen, das sich zu einem Geschlecht bekennen muss, von dem sächlichen Hauptwort entfernt, desto mehr verliert die Grammatik von ihrer Macht.*

Ich kenne außer Gottfried Keller keinen deutschsprachigen Schriftsteller, der lange Sätze konsequent im sächlichen Geschlecht durchhält. Es ist unüblich und unschön zu sagen: "Das Mädchen ist hübsch gekleidet, es trägt einen blauen langen Faltenrock, es hat seine Schühchen geputzt, es hat einen geflochtenen Blumenkranz im Haar, es... es... es...".

Es kann unerträglich sein, in langen Sätzen das grammatische Geschlecht pedantisch durchzuhalten. Mir graust schon, bei einem Satz wie: "Das Fräulein erzählt seine Erlebnisse" und ich fände viel besser: "Das Fräulein erzählt ihre Geschichte".

Wohin das Festhalten am grammatischen Geschlecht führt, hat Wustmann an folgendem Satz aufgezeigt: "Die Tochter ist ein Stern von Anmut, um den sich die tanzenden

Herren förmlich reißen, wenn er in der Gesellschaft erscheint".[21] Richtig wäre natürlich der Satz mit dem Ende: "..., wenn sie in der Gesellschaft erscheint".

> *Merke: "Die Grammatik ist nützlich und stark. Das natürliche Geschlecht ist auf die Dauer nützlicher und stärker".*
>
> *(R.W. Leonhard)*

"Emanzipation" kommt aus dem Lateinischen von "emancipere" ("ex manu capere"), bedeutet also: aus der Hand geben. Es bekam im römischen Patriarchat seinen Sinn bei der Entlassung eines erwachsenen Sohnes oder Sklaven aus der väterlichen Gewalt zur Selbstständigkeit. Er wurde bei uns eingeschränkt auf die Bestrebungen der Frau, aus der traditionellen Rolle des "Nur-Ehefrau-Seins" (mit allen Beschränkungen der aktiven Teilnahme am gesellschaftlichen und öffentlichen Leben) auszubrechen und völlige Gleichberechtigung neben dem Manne zu erlangen - allerdings sozial und nicht sprachlich.

---

[21] Zitiert bei: R. W. Leonhard, Auf gut deutsch gesagt... 127

3.3. Religiöse Sprache

Besonders die Werbung hat sich in den letzten Jahren religiöser Begriffe bemächtigt. Da wird von einer Möbelfirma für ein "himmlisches Sitzvergnügen" geworben, von einer Milchproduktionsgenossenschaft für einen "göttlichen Joghurt", eine Schokoladenfirma verspricht beim Genuss ihrer Produkte "ewige Freude" und wer es nicht glauben will, der kann sich von einem deutschen Reisebüro "direkt ins Paradies fliegen" lassen - ob dann wohl das "Ticket" ein moderner Ablassbrief ist?

Hier werden tiefsitzende menschliche Bedürfnisse und Sehnsüchte angesprochen. Den umworbenen Menschen wird mittels der Sprache vorgegaukelt, dass sie sich bei Erwerb des entsprechenden Produktes erfüllen.

Ähnlich anmaßend sind die viele "Paradiese", die in den letzten Jahren entstanden sind: die Einkaufsparadiese und Hundeparadiese, die Betten- und Schnitzelparadiese, die Möbelparadiese und Elektroparadiese, ganz zu schweigen von den unzähligen Schlemmer- und Grillparadiesen mit ihren oft ganz unparadiesischen Preisen. Wenn all diese Läden schon das Paradies sein sollen, dann haben wir entweder die falsche Sehnsucht im Herzen und müssen uns mit weniger zufrieden geben, oder aber wir werden um die Erfüllung unserer echten Sehnsüchte betrogen.

Die Antwort sei all denen überlassen, die im glitzernden Getümmel sich schiebender und quetschend vorwärtsquälender, beißender, kauender und lutschender Konsumentenmassen sich ein Stück Paradies kaufen wollten und dabei nichts anderes waren, als ein gesichtsloses Masseteilchen im grauen Termitenstrom derer, die regelmäßig mit vorweihnachtlichem Großeinkaufslächeln in unbefriedigter Konsumgier die Läden leerfressen. Ich jedenfalls stelle mir das Paradies anders vor - selbst seinen Anbeginn auf Erden.

"Oh, Gott" (je nach Sprachregion auch "ach Gott"), ist bei uns keine fromme Anrufung des Allmächtigen, sondern ein Ausdruck des Verwunderns oder Erstaunens. Nun ist das menschliche Streben zu sein wie Gott ja nicht mehr so ganz neu (es wird immerhin die "Ursünde" genannt) und vielleicht sind diese sprachlichen Reste ein Zeichen dafür, dass dieses Ansinnen immer noch nicht so ganz überwunden ist.

Und wenn man schon selber nicht Gott sein kann, dann kann man sich ja wenigstens noch fühlen "wie Gott in Frankreich" oder "essen wie Gott in Deutschland". Und da alles Religiöse zur Zeit sehr gefragt scheint, wirbt eine bekannte Zigarettenfirma mit diesem Bedürfnis. Unter einem gebetsversunkenen buddhistischen Mönch ist eine Zigarettenpackung abgebildet und der Schriftzug: "Komm, meditier mit mir". Hier verheißt der Konsum einer Zigarette ein religiöses Tiefenerlebnis.

"Herrje" und "Herrjemine", ebenfalls Ausdrücke des Erstaunens sind sprachliche Abkürzungen für: "Herr Jesus" oder "Herr Jesus mein Erlöser". Die Zauberformel: "Hokuspokus" ist die lautmalerische Nachahmung aus der lateinischen Heiligen Messe, in der es heißt: "Hoc est enim corpus meum quod pro vobis tradetur" - "das ist mein Leib, der für Euch hingegeben wird". Auch als Nichtgläubiger sollte man um des Respekts willen solche "Verhohnepipelungen" unterlassen. Das gilt auch für Konstruktionen wie:

- in Gottes Namen oder
- um Gottes Willen.

Das Heilige gehört in den Bereich des Heiligen und hat in der Alltagssprache nichts verloren. Das betrifft auch für die Verwendung von "heilig" als Adjektiv:

- die heilige Mittagsruhe
- meine geheiligte Freizeit
- sein Auto ist ihm heilig.

Dasselbe gilt übrigens auch für das absolut Unheilige (hier ist "absolut" am Platze: losgelöst, d.h. das vom Heiligen Losgelöste): die Hölle und den Teufel. Im Mittelalter war es den Christen verboten, diese Wörter in den Mund zu nehmen, weil man davon ausging, dass schon die Benutzung des Namens "Teufel" diesen "Durcheinanderwürfler" (=diabolus) auf den Plan rufe. Dies war freilich überzogen. Aber wie achtlos wird heute im Deutschen oft die "Hölle" verwandt, wenn auch andere Begriffe statt dessen gewählt werden könnten. Woher will denn jemand, der das Wort "Höllenlärm" benutzt, wissen, was für ein Lärm in der Hölle ist? Oder, woher weiß jemand was die Hölle ist, wenn er über irgendeinen Zustand aussagt: "Das ist die Hölle"?

Jemanden oder etwas als "dämonisch" oder "diabolisch" abzuurteilen, ist eine vernichtende Klassifikation, die keinem Menschen zusteht. Es gibt im Deutschen die Redewendung: "Ich werde den Teufel tun." Sie drückt eine starke Verneinung aus, ist aber grammatikalisch nicht korrekt. Die mit diesem Satz verbundene Aussage ist in etwa die: "Wenn ich das täte, täte ich das Werk des Teufels."

Auch konjunktivisch kommt diese Redewendung vor: "Ich würde den Teufel tun, um das zu verhindern", d.h.: Ich täte das Werk des Teufels, oder würde dieses zulassen, wenn ich es nicht verhinderte. Genauso verhält es sich mit Sätzen wie: "Der schert sich den Teufel um unsere Abmachung". Präziser formuliert müsste dieser Satz etwa heißen: "Der schert sich so wenig um unsere Abmachung, wie der Teufel um das Gute".

Das Bildwort "auf Teufel komm raus" stammt aus dem Bereich des Exorzismus, der ein Heilungsgebet der Kirche ist. Wo etwas "auf Teufel komm raus" geschieht, muss der Teufel ja in der Sache sein. Dies ist ein verwegenes Urteil und stimmt in den seltensten Fällen.

Ich habe nur einmal diese mittelalterliche Redewendung in einer richtigen Konstruktion gehört: Mir erzählte jemand von einer Wallfahrt mit alten Menschen nach Lourdes und wie leid ihm der begleitende Priester getan habe. Auf meine Frage hin, weshalb er diesen derart bedauerte antwortete er mir: "Der Arme musste von früh bis spät Beichte hören. Die alten Menschen haben gebeichtet 'auf Teufel komm raus'". Das ist geistreich, witzig und korrekt, aber zugleich ein seltener Fall von stimmiger Verwendung eines heiklen Spruches.

Die Sprachwelt des christlichen Mittelalters hat uns noch ein anderes Wort erhalten, das es in der religiösen Sprache nicht mehr gibt: die Heiden.

Es ist übrigens interessant, dass "Heide" ursprünglich das gleiche bedeutete wie die Heide, die öde Landschaft und das gleichnamige Kraut. "Die Heiden" heißt auf lateinisch "pagani" (griechisch: paganoi, Paganini heißt demnach: das "Heidenkindlein" oder das "Heidlein") und auch dort besagt das Wort das, was bei uns Heide meint: das Land, das Ländliche, das Unbewohnte und Unbebaute.

Das Christentum war nämlich eine Stadtreligion, dort erreichten die Missionare die Massen, dort fanden die Gebetstreffen statt und dort wurden die ersten Kirchen erbaut. Zu den Landbewohnern, zu denen auf der Heide, gelangte die "frohe Botschaft" später. Sie hatten von dem neuen Glauben noch nichts gehört, als sich die Massen in den Städten schon zu Christus, als dem gekommenen Messias, bekannten. Sie waren pagani, Heiden. Es waren die Ahnungslosen, und sie wurden von den wissenden herablassend beurteilt. So entstanden bei uns die abwertenden Begriffe wie "Heidenarbeit", "Heidenspaß" usw. Man sollte sie um der tatsächlich Ungläubigen willen vermeiden, so, wie entsprechend die Gläubigen in Anspruch nehmen dürfen, keine "Deppen" zu sein und sprachlich auch nicht als solche abqualifiziert zu werden.

Etwas Eigenes hat es mit dem Modebegriff "tohuwabohu" auf sich, der eigentlich aus drei Wörtern besteht: "tohu wa bohu". Es ist hebräisch, heißt "wüst und leer" und stammt aus den ersten Versen der Genesis: "Am Anfang schuf Gott den Himmel und die Erde, und die Erde war wüst und leer". Ich denke, man kann diesen Begriff verwenden, aber es ist gut, um seinen Ursprung und seine Verwendung zu wissen.

Regel:

Begriffe aus der Sphäre des Religiösen oder des explizit Areligiösen sollten genauso, wie alle diffamierenden Wörter, vermieden werden.

Die in unserer Sprache hauptsächlich verwendeten sind:
- Himmel
- Gott

- Jesus
- Heiden (-spaß; -aufstand; -lärm)
- Hölle (-nlärm, -nspektakel)
- Teufel (in der Abkürzung: Ten - Ten - Ten)
- himmlisch
- göttlich
- paradiesisch
- heilig
- heidnisch
- dämonisch
- diabolisch
- teuflisch.

3.4. Bildsprache

Die wortreiche deutsche Sprache kennt unzählige bildliche Redewendungen. Man nennt diese Worte auch Bildworte, d.h. sie lassen von den Wörtern her an bestimmte Bilder denken, die dann auf andere Sachverhalte übertragen werden.

Es ist müßig sie alle aufzuzählen. Durchaus lohnend aber ist es, sich einmal seine eigenen Bildworte bewusst zu machen, denn jeder Mensch benutzt nur eine bestimmte Anzahl dieser feststehenden Ausdrücke.

Für diese gilt übrigens dasselbe wie für die Militärsprache, weshalb ich vorschlage Ausdrücke wie "das hat eingeschlagen wie eine Bombe" im allgemeinen nicht zu verwenden. Ebenso sind diffamierende Ausdrücke aus dem mittelalterlichen Marktwesen wie "das glänzt wie ein Judenei" zu vermeiden.

In diesem Zusammenhang sei auf die unterschiedlichen Plurale von "Wort" hingewiesen: "Wörter" und "Worte". Diese haben unterschiedliche Bedeutung. Grammatikalisch ist der richtige Plural zu Wort "Wörter".

"Worte" hingegen ist der Plural von "Sprichwort". Worte haben die chinesischen Weisen gesprochen. Viele Sprüche in einer Sammlung ergeben eine "Sprichwortsammlung". Eine "Stichwörtersammlung" hingegen besteht aus Wörtern.

"Ich will nicht viele Worte machen, sondern gleich zur Sache kommen" ist dann falsch, wenn der Redner nur sagen will, dass er nicht lange um den heißen Brei herumreden möchte. In dem Falle muss der Satz heißen: "Ich will nicht viele Wörter machen..."

Ein "Wort" kann aus vielen Wörtern bestehen, so zum Beispiel beim "Wort in den Tag" oder "Wort zum Sonntag" (obwohl diese leider oft nur "Wörter" zum Sonntag sind).

Einige Bildworte der deutschen Sprache sind:

- an einem Strang ziehen
- an den Ketten rütteln
- an den Haaren herbeiziehen
- auf Granit beißen
- auf den Schlips treten
- aus der Luft greifen
- das haut dem Fass den Boden aus
- das Herz auf der Zunge tragen
- den Mund wässrig machen
- den Mund fusselig reden
- den Nagel auf den Kopf treffen
- den Stier bei den Hörnern packen
- der Zahn der Zeit
- die Sporen geben
- ein Licht aufgehen
- ein Brett vor dem Kopf haben
- einen Rettungsring zuwerfen
- etwas unter den Teppich kehren
- etwas vom Zaune brechen

- Haare auf den Zähnen haben
- im Trüben fischen
- in etwas verstrickt sein
- in fremden Teichen fischen
- ins Fettnäpfchen treten
- jemandem einen Bären aufbinden
- mit Engelszungen auf jemanden einreden
- mit den Wölfen heulen
- Schaum schlagen
- schimpfen wie ein Rohrspatz
- Schlange stehen
- um die Wurst gehen
- um den heißen Brei reden
- unter die Lupe nehmen
- unter einen Hut bringen
- unter die Fittiche nehmen
- vom Regen in die Traufe kommen
- wie der Ochs vor dem Berg
- ziehen wie Hechtsuppe

Es gibt auch Bildwörter, die "Modeerscheinungen" sind, sie gehören meist in den Bereich der etwas saloppen Jugendsprache:

- weg vom Fenster
- locker vom Hocker
- in den Griff kriegen
- das Ende der Fahnenstange
- auf die Tube drücken

Auch adjektivisch werden viele Bildworte verwendet:

- lammfromm
- bärenstark
- taubenblau
- federleicht
- blitzschnell
- glasklar
- stahlhart
- bierernst
- gertenschlank
- kerzengerade
- käsebleich
- nebulös
- rosenrot
- aalglatt
- abserviert
- astrein

Die Vergleiche aus der Pflanzenwelt sowie aus dem Kosmos und seinen Gewalten finden sich nicht so häufig wie die aus der Tierwelt.

Wird beispielsweise die Empfindlichkeit der Mimose bildlich auf den Menschen übertragen, dann ist er ein "Mimöschen". Entweder "steht jemand wie eine Eiche", oder aber er "zittert wie Espenlaub". Ein dünner, gerade gewachsener Mensch ist "gertenschlank" und manchmal auch "baumlang".

Jemand, der "Jägerlatein" spricht, der "lügt das Blaue vom Himmel herunter", obwohl es jedem "sonnenklar" ist, dass seine Ausführungen "nebulös" sind und er vieles "aus der Luft greift".

Aber man sollte einem solchen Menschen nicht gleich "ein Donnerwetter machen", obwohl es andererseits auch nicht ratsam ist "das Fähnlein nach dem Winde zu hängen", steht es doch "in den Sternen", was aus jemandem wird, der "wie ein Wasserfall" redet, alles "über den grünen Klee lobt" und sofort "Feuer und Flamme" ist.

Natürlich kann einen das schnell "auf die Palme bringen", und man hat "eine harte Nuß zu knacken", wenn man ihm dann die "Kastanien aus dem Feuer" holen muss, zumal er ständig "Süßholz raspelt". Allzu schnell kann daraus ein "frostiges Verhältnis" werden, selbst wenn jemand zunächst den Eindruck macht, als könne er "kein Wässerchen trüben".

Man muss vorsichtig sein, denn wer "das Gras wachsen hört" ist schnell bereit, die "Talwanderung" dadurch zu stoppen, dass er unkluge Veränderungen vornimmt; aber: "Alte Bäume soll man nicht verpflanzen." Da ist es mitunter klüger, "In den sauren Apfel zu beißen" und zu schweigen...

Am häufigsten finden sich wohl in der Sprache die Vergleiche aus der Tierwelt. Selbstkritische Bremer sagen, dass die "Stadtmusikanten" den hanseatischen Charakter symbolisieren:

- stur wie ein Esel
- bissig wie ein Hund
- bucklig wie eine Katze
- stolz wie ein Hahn

Ich als Hanseat kann das nicht bestätigen und kenne viele Bremer, die eher "scheu wie ein Reh" sind oder "stur wie Bock". Sei es drum. Sicher ist jedenfalls, dass die Bildsprache sehr alt ist und es unzählige Vergleiche dieser Art gibt. Jemand, der nach der heutigen Jugendsprache "auf dem Schlauch steht", der stand früher vor irgendetwas "wie der Ochs vor dem Berg" und wenn man jemanden "veräppelte", dann "band man ihm einen Bären auf".

Auch die Bibel ist voll von diesen Bildworten und Vergleichen, man denke nur an das Jesuswort, der Mensch solle zugleich einfältig wie eine Taube und klug wie eine Schlange sein (Mt 10,16). In Lk 13,32 nennt Jesus den König Herodes einen Fuchs. Oder, um nur ein sehr schönes von tausenden Bildern aus dem Alten Testament zu nennen:

"Wie ein fruchtbarer Weinstock
ist Deine Frau,
drinnen in Deinem Hause,
wie junge Ölbäume sind Deine Kinder,
rings um Deinen Tisch" (Ps 128,3).

Neben diesen Vergleichen aus der Tier- und Pflanzenwelt sowie dem Kosmos und seinen Gewalten gibt es noch Redewendungen, die menschliche Vollzüge durch Übertreibung karikieren und auf geistige Haltungen, Stimmungen und Vorgänge übertragen.

Wer beispielsweise etwas "an den Haaren herbeizieht", der wird, wenn man "der Sache auf den Grund geht" und "nachhakt", "um den heißen Brei herumreden", damit keiner merkt, dass er etwas "unter den Teppich" kehrt, weil er sich "auf den Schlips getreten" fühlt.

Es gibt für die Verwendung von bildhaften Vergleichen in der Sprache nur eine Regel:

> *Ein verwendetes Bild muss stimmen, d.h. es muss genau das ausdrücken, was gesagt werden soll.*

Ansonsten ist der Phantasie in der Bildsprache keine Grenze gesetzt. Man kann eigene Vergleiche erfinden, kann konstruieren, neue Wörter zusammensetzen, schlicht, alles, was die deutsche Sprache zulässt, ist möglich.

Die Qualität der Sprache hängt von der richtigen Verwendung der benutzten Bildworte ab. Es geht zum Beispiel nicht, wenn sich einer fühlt, als sitze er "zwischen allen Stühlen", und im Anziehungsfeld dieser Erde kann man nicht "im luftleeren Raum schweben".

"Wer gern in Bilderschmuck schreibt, hat jedoch nicht nur die abgegriffenen und nicht nur die falschen Bilder zu fürchten, sondern mehr als alles die Bildvermischung, die so alt ist, dass sie in der Rethorik einen gelehrten griechischen Namen hat: Katachese."[22]

---

[22] R.W. Leonhard, Auf gut deutsch gesagt... 150

Hier einige Beispiele für falsche Bildworte:

„Das Vorhaben ist ein totgeborenes Kind, das sich im Sande verläuft."

"Der Zahn der Zeit, der so manche Wunde getrocknet hat, wird auch über diese Wunde Gras wachsen lassen." (Beispiel von R. W. Leonhard)

"Der Wandertrieb, tief im jungen Blut verwurzelt, erhob machtvoll seine Schwingen." (Beispiel von W. E. Süskind)

Bleiben wir etwas ausführlicher bei den richtigen Verwendungen von Bildern. Zunächst aus den dreizehn Monatsgedichten von Erich Kästner[23]:

Aus "Der Mai":
"Im Galarock des heiteren Verschwenders,
ein Blumenzepter in der schmalen Hand,
fährt nun der Mai, der Mozart des Kalenders,
aus seiner Kutsche grüßend übers Land...

Die Apfelbäume hinterm Zaun erröten.
Die Birken machen einen grünen Knicks,
die Drosseln spielen auf ganz kleinen Flöten
das Scherzo aus der Symphonie des Glücks."

Aus "Der Juni":
"Spät tritt der Abend in den Park
mit Sternen auf der Weste,
Glühwürmchen ziehn mit Lampions
zu einem Gartenfeste.'

---
[23] ErichKästner, Dreizehn Monatsgedichte, zitiert bei Gleiß, Unwörterbuch 208 ff.

Aus "Der Dezember":
"Bald trifft das Jahr der zwölfte Schlag,
dann dröhnt das Erz und spricht:
Das Jahr kennt seinen letzten Tag,
und Du kennst Deinen nicht.«

Das ist feines Deutsch und nicht etwa: Deutsch vom Feinsten.

Einer der größten Könner ist der österreichische Schriftsteller Stefan Zweig. Man nehme nur rhythmisch, bildlich und grammatikalisch so vollendete Sätze wie den Anfang seiner Erzählung "Brennendes Geheimnis":

"Die Lokomotive schrie heiser auf: der Semmering war erreicht. Eine Minute rasteten die schwarzen Wagen im silbrigen Licht der Höhe, warfen ein paar bunte Menschen aus, schluckten andere ein, Stimmen gingen geärgert hin und her, dann schrie vorne wieder die heisere Maschine und riss die schwarze Kette rasselnd in die Höhle des Tunnels hinab. Rein ausgespannt, mit klaren, vom nassen Wind reingefegten Hintergründen lag wieder die hingebreitete Landschaft."

Die Bücher Stefan Zweigs sind voll solcher genialer Konstruktionen. Nehmen wir noch ein letztes - nahezu willkürliches - Beispiel aus seiner Erzählung "Untergang des Herzens":

"Ihm war, als sickerte von irgendwo (von einer Wunde, die nicht schmerzte und die er nicht wusste) ein Feuchtes, ein Heißes leise nach innen, als blute er sich aus in sein eigenes

Blut. Es tat nicht weh, dies unsichtbare Fließen, es strömte nicht stark. Nur ganz langsam wie Tränen rinnen, rieselnd und lau, so fielen die Tropfen herab, und jeder von ihnen schlug mitten ins Herz.

Aber das Herz, das dunkle, gab keinen Ton, still sog es dies fremde Geström in sich ein. Wie ein Schwamm sog sich's an, war schwerer und schwerer davon, schon schwoll es an, schon quoll es auf in dem engen Gefüge der Brust.

Allmählich voll und übervoll vom eigenen erfüllten Gewicht begann es leise nach abwärts zu ziehen, die Bänder zu dehnen, an den Muskeln, an den straffen, zu zerren, immer lastender drückte und drängte das schmerzhafte Herz, riesengroß schon, hinab, der eigenen Schwere nach. Und jetzt (wie weh das tat!), jetzt löste das Schwere sich los aus den Fasern des Fleisches - ganz langsam, nicht wie ein Stein, nicht wie fallende Frucht; nein, wie ein Schwamm, vollgesogen von Feuchtem, sank es tiefer, immer tiefer hinab in ein Laues, ein Leeres, irgendwo hinab in ein Wesenloses, das außer ihm selber war, eine weite unendliche Nacht.

Und mit einem Male war es grauenhaft still an der Stelle, wo eben noch das warme, quellende Herz gewesen: etwas gähnte dort leer, unheimlich und kalt. Es klopfte nicht mehr, es tropfte nicht mehr: ganz still war es innen geworden, ganz tot. Und hohl und schwarz wie ein Sarg wölbte sich die schauernde Brust um dies stumm-unbegreifliche Nichts."

Solche Beschreibungen bleiben einem Genius wie Stefan Zweig vorbehalten. Es wäre müßig, sie nachahmen zu wollen. Aber üben kann man an ihnen (Eine entsprechende Übung findet sich im Anhang).

Eines wird an dieser Stelle deutlich: wer seine Sprache formen will, der wird dies am schnellsten durch gute Literatur schaffen.

Bei aller Freude über gute Sprache sei hier doch angemerkt, was sich bei der Bildsprache für Fehler einschleichen können.

Der oberste Grundsatz für Bildsprache ist, dass die Bilder passen müssen und konsequent angewandt werden.

Wenden wir uns mehr den alltäglichen Fehlern zu. Da sind vor allem die "Punkte": Gliederungspunkte, Tagesordnungpunkte, Besprechungspunkte, Kritikpunkte, Knackpunkte, da stehen Punkte im Raume, da bleiben Punkte unbeantwortet, da werden Punkte behandelt, da werden Punkte ausgelassen und am vergangenen Wochenende hörte ich von einem Professor für Psychologie einen Vortrag, nach dem dieser noch "Punkte anschneiden wollte"...

Auch hierzu habe ich mit Schülern einen Dialog erarbeitet, der viele unsinnige Wörter und Wortungetüme enthält:

Sprecher 1:
Herr Doktor, es waren bei unserem letzten

Gespräch noch einige Punkte offen gelassen worden...

Sprecher 2:

...und diese offengelassenen Punkte waren im Raume stehengeblieben? (Pause) Dann sprechen wir jetzt über den offen gelassenen Raumstandpunkt!

Sprecher 1:

Offen gestanden, Herr Doktor, ist der Punkt, der meinen Standpunkt betrifft, nicht der Diskussionspunkt jenes Punktes, der noch im Raum steht, sondern der Erörterungspunkt jenes Schlusspunktes, der punctum alles verändert hat.

Sprecher 2:

Dann meinen Sie den springenden Punkt, mit dem ich das letzte Mal Ihren wunden Punkt akupunktiert hatte?

Sprecher 1:

Genau das ist der Punkt, denn sie akupunktierten mich bezüglich meiner Pünktlichkeit, indem sie sagten: "Kommen Sie Punkt 10.00 Uhr. Pünktchen. Pünktchen. Pünktchen."

Sprecher 2:

Ich hatte bezüglich des "Pünktchen. Pünktchen. Pünktchen" hinter Punkt 10.00 Uhr den Standpunkt bezogen, dass Sie einmal einen Punkt machen sollten hinter Ihrer Unpünktlichkeit.

An der Grenze sind Bilder wie: "Sonnenbad" oder "frische Luft tanken". Man kann nicht alle Unstimmigkeiten aufzählen, aber man muss für sie sensibel werden.

Dazu gibt es eine leichte Übung.

Regel:
Der Reiz bei Bildworten besteht im Wesentlichen darin, dass man ein tatsächliches, äußeres Objekt oder Geschehen, Wesenseigenarten von Tieren und Pflanzen, kosmische Ereignisse oder Zustände auf einen geistigen Wert, auf ein Gefühl oder einen Zustand der Seele, überträgt.

Man kann diese Übertragung unzählige Male am Tage üben, indem man sich fragt:

- Was empfinde ich, wenn ich diese Pflanze sehe?
- Mit welchem Bild lässt sich mein Zustand beschreiben?
- Auf welches äußere Ereignis lässt sich mein Empfinden übertragen?

Mit Schülern habe ich wiederholt eine Übung gemacht, die die Ausdruckskraft fördert und zugleich viel über die Weltsicht des Einzelnen offenbart. Diese Übung besteht darin, dass der Schüler ähnliche Sätze wie die folgenden ergänzt:

Meine Eltern sind für mich wie...
oder
Glauben ist für mich wie...

Solche Fragen kann man sich hinsichtlich aller möglichen Belange stellen:
- Eine Konferenz ist für mich wie...
- Ein Gespräch mit einem Vorgesetzten ist für mich wie...
- Meine Arbeit ist für mich wie...

Wenn man zunächst unreflektiert alles aufschreibt, dann entstehen stimmige und weniger stimmige Bilder. Diese gilt es dann kritisch voneinander zu trennen. Die stimmigen können präzisiert und verfeinert werden. Am Ende bleiben sicher zwei oder drei Ausdrücke haften, die man dann frei und stimmig in anderen Zusammenhängen verwenden kann.

Auch hier macht Übung den Meister - nicht zu üben hieße: nie meisterhaft zu werden.

3.5. Emotionssprache

Ich widme der Emotionssprache hier einen eigenen Abschnitt, weil mir immer wieder auffällt, wie sehr gerade durch die emotionalen Wörter Konflikte entstehen.

Emotionale Wörter sind Wörter, die eindeutig mit Gefühlen belegt sind und bestimmte Gefühle in einem Menschen wecken. Sofern sie gezielt verwendet werden, ist dagegen – gerade in unserer technisierten Sprachwelt (s. auch 3.6. Computersprache) – nichts einzuwenden, zumal dann, wenn es sich um positive Emotionen handelt.

Weit schlimmer sind jene Begriffe, die negative Emotionen wecken und infolge dieser zu erheblichen Konflikten führen können.

Einige Beispiele:

bedrückt
bekümmert
betroffen
betrübt
deprimiert
geknickt
gebrochen
enttäuscht
todunglücklich
verängstigt
geschockt
irritiert
bewegt

ergriffen
erschüttert
unzufrieden
zerschunden
zerschlagen
usw.

Alle die genannten Wörter sind Begriffe, die man für die Reaktion auf etwas verwendet. Solange sich diese auf ein neutrales Ereignis bezieht, mag es recht sein: Der Film gestern abend, hat mich sehr erschüttert. Vorsicht aber mit der Wendung: unser letztes Gespräch hat mich (sehr) erschüttert!

Diese Art von emotionaler Wortwahl muss wohl überlegt (und dosiert) angewandt werden und – das vor allem! – wenn derartige Wörter verwendet werden, dann müssen sie stimmen.

Negativ emotional besetzte Wörter wecken im Gegenüber immer negative Emotionen. Sie rufen das Gefühl hervor, schuldig geworden zu sein oder versagt zu haben. Wer aber ist schon gerne ein Versager oder ein Sünder?

Man achte einmal darauf, wie häufig, gerade von sprachlich ungewandten Leuten – derartige Negativemotionen (völlig sinnlos) geweckt werden. Je sensibler ein Mensch ist, desto heftiger reagiert er auf derartige Begriffe und auch dann, wenn derartige Reaktionen unter Kontrolle bleiben, so lösen sie unbewusst bestimmte Reaktionen hervor.

Manch ein Streitgespräch könnte vermieden werden, wenn diese Wörter, die negative Emotionen hervorrufen, nur wohl überlegt eingesetzt würden. Klingt es nicht schon viel freundlicher, wenn man statt zu sagen: "Unser letztes Gespräch hat mich (sehr) erschüttert!" sagen würde: "... hat mich nachdenklich gemacht..."?

Ein Wort noch zu den Emotionen im Allgemeinen: sicher laufen in Gesprächen immer auf einer anderen Ebene Gefühle ab (darauf werden wir noch zu sprechen kommen), auch solche, die man nicht kennt oder erwägen kann, beim Gebrauch der Sprache aber gilt als oberstes Gebot, keine unbedacht negative Emotionen hervorrufenden Wörter zu verwenden. Man spart sich viele Missverständnisse und Konflikte.

3.6. Computersprache

Das Gegenteil der "Emotionssprache" ist die Computersprache. Sie ist allgemein verständlich, besteht weitestgehend aus "Plastikwörtern" (vgl. 2.4.) und weckt deshalb auch keine Emotionen. Überträgt man nun die Vorgänge des Computers auf menschliche und zwischenmenschliche Prozesse so kann man zunächst einmal davon ausgehen, dass man verstanden wird. Kühl und technisch wirkt diese Sprache. Sie versteht es, schwierige Prozesse kurz zusammenzufassen und dürfte inzwischen weltweit verstanden werden.

Statt morgens aufzustehen, bootet man, wenn man neben der Kappe ist, dann hat man ein falsches Programm geladen, wenn man bei einer Rede für etwas wirbt, dann macht man ein Werbefenster auf, und ohnehin laufen zwischen Mann und Frau dieselben Makros ab.

Das Problem bei der Verwendung von Begriffen und Prozessen, die jedermann vom Computer kennt, ist die rein oberflächliche Beschreibung. Nehmen wir als Beispiel das Verteidigungsverhalten eines Menschen, der sich angegriffen fühlt. In der Computersprache würde man sagen: es läuft der Makro Verteidigung ab (und im Angegriffenen der Makro Angriff). Was sagt das denn nun genau?

Eigentlich nichts! Aber es suggeriert eine ganze Menge: zunächst nämlich, dass der Makro ablaufen kann, oder nicht, denn mehr

Möglichkeiten hat ein Computer nicht. Dann suggeriert ein solches Urteil, dass in dem anderen Menschen etwas abläuft, was mich eigentlich nichts angeht und das, wenn das Programm beendet ist ohne jede Wirkung wieder aufhört.

Es bedarf an dieser Stelle nicht vieler Wörter um zu zeigen, dass menschliche Prozesse eben so nicht ablaufen. Schlimmer aber noch, als die Verwendung von Begriffen aus der Computerwelt (oder dem Computer-Paradies?) ist die Sprachzerstörung – und infolge dessen immer auch die Zerstörung des Menschlichen – , die damit fast unmerklich einhergeht. Schauen wir uns diesen Prozess noch genauer an.[24]

Ich lese abends gerne im Bett. Wenn der Tag vorüber ist und sich die Stille der Nacht um mich hüllt unter warmer Decke im kalten gelüfteten Zimmer. Lesen ist für mich Multimedia im Kopf! Manchmal lese ich abends in "Der Sternenhimmel 19...", wo für jeden Tag etwas über das Firmament, dem, was draußen passiert, geschrieben steht. Da dreht sich unser blauer Planet in den Weiten des Alls, kein technisches Geräusch stört mich, wenn ich selbst ein wenig zu den Sternen fliege. Nun gibt es auch eine "Multimedia-CD" über den Sternenhimmel: interessant, vielgestaltig, musikalisch unter-

---

[24] Das folgende ist meinem Artikel "Mensch und Medien – Try or Error" entnommen; erschienen in: ASU-BJU- NEWS Unternehmerzeitschrift Baden Württemberg/ News 2/96.

malt, farbenprächtig, anschaulich, wissenschaftlich. Ich habe es versucht mich mittels dieses Mediums zu informieren. Die Augen flimmern noch im Bett, der Eindruck ist stark, der Wissenszuwachs sicher größer, als wenn ich im "Sternenjahr" gelesen hätte. Aber mein Geist will nicht mehr so recht in die Sterne. Habe ich ihm die Chance genommen, kreativ und phantasievoll in die Sterne sich zu erheben, weil diese mit multimedialem Spektakel und sphärischer Musik grell und allzu anschaulich allesamt vom unendlichen Himmel in meinen kleinen Tischrechner gestürzt sind.

Anders gefragt: drängt sich "Multimedia" dem Geist so auf, dass ihm das Schönste, was er hat, seine Kreativität, geraubt wird? Stehen die vielgepriesenen Möglichkeiten von Multimedia im Verhältnis zu dieser Beraubung.

Wo Multimedia universell eingesetzt wird, da muss auch eine universalisierte Sprache gesprochen werden. Da haben wir ihn wieder, den uralten Traum: ein Universum eine Sprache. Greifbar nahe durch die Computer-"Welt", in der jeder etwas verstehen muss von Begriffen wie: booten, reset, disk, keyboard, display, screen, bytes, Megabytes und - weil es so schön ist -: Gigabytes. Wer einen Multimedia-Computer hat, der hat zu diesem auch ein "Multi-Media amplified speaker system" - bei mir jedenfalls steht ein solches auf dem Schreibtisch.

Um den Segen von "Multimedia" auf die Menschen herabrieseln zu lassen, müssen diese zunächst einmal sprachlich "gleichgeschaltet" werden: es wird normiert, standardisiert, uniformiert. So kompatibel wie die Geräte sind, werden dann auch die Menschen. Ein normierter Standardtyp entsteht (vielleicht ein "Freak"?) und dieser spricht in einer normierten Standardsprache. Die Auswirkungen sind nicht zu übersehen. Zu Massentierhaltung und Schwemmist gesellen sich jetzt Massenspeicher und sprachlicher Einheitsbrei.

1945 wurde die Charta der Vereinten Nationen von 52 Staaten unterzeichnet; gegenwärtig sind es 160 Staaten. Zwei drittel der heutigen Staaten sind also kaum eine Generation alt und stehen, dem Vorbild der großen weiten Welt folgend, vor der Aufgabe, ihre Sprache zu alphabetisieren, zu standardisieren und sie so weit auszubauen, zu "entwickeln", dass man fähig wird, die Inhalte der Weltzivilisation, zu "transportieren" und zu "kommunizieren". Sie stehen vor der Aufgabe, eine ziemlich absurde und importierte Idee von Sprache durchzusetzen und binnen Jahrzehnten eine "Modernisierung" zu schaffen. Die europäischen Nationen hatten hierfür immerhin ein paar Jahrhunderte Zeit.

Im Reiche der Sprachen zeichnet sich offensichtlich das gleiche wie in dem der Pflanzen und Tiere ab. Monokulturen - wenige Arten in immer weniger Varianten - werden durchgesetzt und überwuchern den Erdball: Mais, Reis und Weizen, Chinesisch und Russisch und Englisch, Schafe, Rinder, Schweine, displays und screens und tower.

Die viel gepriesenen neuen Möglichkeiten haben ihren Preis: die Computerwelt erzeugt eine Sprachenplantage, die - jeglicher Lebendigkeit von Sprache beraubt - dem Benutzer aus der Vielfalt gewachsener Früchte nur eine von allen chemischen Unreinheiten befreite, sterile, immer gleiche Frucht anbietet.

Bleiben wir noch beim Subjektiven. Jeder erwachsene Mensch, der den Mut hat, sich seines eigenen Verstandes zu bemühen, weiß, dass es im Leben viele Kompromisse, Zwischenlösungen, Halbklarheiten, und Abwägungen gibt. Wenig nur zeichnet sich im menschlichen Miteinander schwarz-weiß, es gibt unendlich viele Grautöne. Oben und unten, rechts und links, ja und nein, verboten und erlaubt, gut und böse, das alles sind Extremwerte, Näherungswerte menschlichen Strebens und Wollens, die oft nur auf mühseligen und jahrelangen Wegen des Lernens, Bedenkens und Neubeginnens erlangt werden.

So haben wir in der Schule gelernt, so haben wir im Leben gelernt. War es nicht beruhigend und ermutigend, wenn bei der Mathematikarbeit zwar das Ergebnis falsch war, aber man dennoch für die Aufgabe ein paar Punkte einfuhr, weil bis zu dieser und jener Stelle der Rechenweg richtig war? Sind nicht gerade dies die echten Leistungen eines gereiften

Menschen, dass er selbst in diesem Sinne abwägen kann: "sowohl... als auch"; "ja... und nein"; "schon... aber"; "einerseits... andererseits"? Der Computer kennt solches nicht. Lernen am Computer heißt: entweder ganz richtig oder ganz falsch; wenn "Schritt 1" ganz falsch ist, dann wird er so lange gegangen, bis er ganz richtig ist.

Try an error heißt das Zauberwort neuen Lernens. Probieren geht über studieren. Da haben wir es: der Prozess geistiger Urteilsbildung wird um seine eigentliche Dimension kastriert: der schrittweisen inneren Reifung. Die innere geistige Urteilsbildung wird geprägt von computeranimierter, äußerer Urteilsverkündung. Als würde ein Mensch dadurch dazulernen, dass er immer wieder denselben Fehler macht.

Ein tragischer Irrtum. Dann plötzlich: doch die richtige Lösung. Das multimediale System dreht auf. Der Freak wird gepuscht. Hurra. Aber warum war es diesmal richtig? Egal. Weiter. Dasselbe "Lernsystem" für "Schritt 2". Und immer wieder try and error: Gleichschaltung des Urteilsvermögens.

Kein Lehrer mehr, kein Vater und keine Mutter mehr, die hinter einem stehen und auf das Heft schauen, die erklären und vermitteln, die Mut zusprechen und mit leichten Korrekturen den Geist lenken. Statt dessen: brutales Piepsen im amplified speaker system oder olympische Hymnen. Diese Extreme kennen wir aus dem Krankheitsbild des Depressiven: himmelhoch jauchzend oder zu Tode betrübt, dazwischen ist nichts.

Frage: Besteht hier nicht die Gefahr, dass Menschen, die intensiv mit dem "ja-nein"-System des Computers konfrontiert sind, für ihre eigene Lebensqualität die Fähigkeit zu Zwischentönen auf die Dauer verlieren? Besteht nicht die Gefahr, von anderen Menschen das zu erwarten, was der Computer stundenlang in kaum begreiflicher Perfektion liefert?

Ist try an error der neue goldene Weg zum richtigen Lebenspartner? Was auf dem Bildschirm klappt, das muss doch auch im Leben klappen. Hier scheint die Computerwelt, die Welt der Chips und Bytes, der Steckmodule, Karten, Festplatten, Laufwerke und integrierten Schaltkreise bereits tief in das Denken der Menschen eingedrungen zu sein.

Und noch etwas: In der Computerwelt wird nicht mehr repariert, es wird weggeschmissen und ausgetauscht. Die ganze Welt im System von Bauteilen und Steckmodulen. Klappt die Beziehung nicht, weg damit! Eine neue Beziehung wie eine neue "Karte" im ausbaubaren tower-system. Na also. Booten - und auf geht's. Probieren geht über studieren.

Und wenn man doch mal Rat braucht gibt es den multimedialen medizinischen Ratgeber. Aber der hat keine Tipps auf Lager, wenn es um das Eingemachte geht. Es gehört wohl nicht mehr zum Repertoire eines Freaks. Wie man einen Menschen tröstet, der Schmerzen hat, wie man ihm Beistand gibt und wie man ihm menschlich zur Seite steht. Na ja, wenn's nichts wird ist nichts zu machen. Wegschmeissen - ein neues Steckmodul rein, und die (Beziehungs-) "Kiste" läuft wieder.

Da sitzen wir nun mit den himmlischen Errungenschaften der multimedialen Computerwelt gesegnet, in der Monokultur standardisierter Sprache, schräddernd oder triumphal der unfehlbaren Urteilsverkündigung unseres Computers glaubend und rühmen uns des geistigen Fortschritts, der uns wieder zu unseren Vorfahren bringt. Einige von denen sitzen heute noch auf den Bäumen und mampfen süße Bananen, die sie sich nach dem altbewährten Muster suchen: try an error. Na also.

4. Sprache lernen ist etwas Höheres als Sprachen lernen
(Jean Paul)

Alles Bisherige bleibt ein Torso. Kein Buch über Sprache kann in Anspruch nehmen, vollständig zu sein. Darum geht es auch nicht. So wenig, wie die Entwicklung eines Menschen irgendwann einmal abgeschlossen ist, so wenig auch die Sprachentwicklung. Gerade darum aber lohnt es sich, hin und wieder inne zu halten, die gegenwärtigen Spracheigenheiten zu bedenken, sich mit neueren Sprachentwicklungen zu beschäftigen, seine eigene Sprache zu überprüfen, das Gute zu behalten und das weniger Gute zum Besseren zu verändern.

Dieser erste Teil soll die Sensibilität für Sprachfehler und neue Freude an korrekter Sprache wecken. Die Sprachsouveränität beginnt mit der Freude an der Sprache. Zur Souveränität aber gehört auch, sich selbst gegenüber kritisch und für Kritik von anderen offen zu sein. Je offener ein Mensch für Kritik an seiner Sprache ist, desto sprachsouveräner ist er.

Keiner kann von sich behaupten, eine Sprache perfekt zu beherrschen. Wer frei spricht wird immer Fehler machen. Bestimmte Eigenarten der Sprache kann und sollte man sich nicht abgewöhnen. Vor allen Dingen ist es völlig unsinnig, Dialekte ins Hochdeutsch zu übersetzen. Ein Dialekt ist die Spracheigenart einer Region, er ist die erste Sprache, die ein Mensch erlernt und ein Teil seines geistigen Zuhauses; wer mit Dialekt aufgewachsen ist, der wird nie ein lupenreines Hochdeutsch sprechen.

Ich arbeite seit Jahren im Südschwarzwald, wo der alemannische Dialekt gesprochen wird, und es ärgert mich meist, wenn Einheimische mit mir Hochdeutsch sprechen. Ich fühle mich dann als nicht dazugehörig (obwohl ich schon seit fast zwanzig Jahren hier lebe, und selber einige Eigenarten des Dialekts angenommen habe) und es beschämt mich zutiefst, wenn Leute meinen, sie steigen im Ansehen, nur weil sie Hochdeutsch sprechen.

Das im Rachen gesprochene "ch" kann und sollte sich ein Schwarzwälder so wenig abgewöhnen, wie ein Bayer oder Franke das gerollte "r".

Ich erinnere mich noch genau an eine Familienfeier in meiner Heimatstadt Bremen (auf bremisch: "Heimat-s-tadt"), bei der einer meiner Mitbrüder, ein Schwarzwälder "wie er im Buche steht", mitfeierte. An irgendeiner Stelle musste er etwas vorlesen. Während der Lektüre dachte ich bei mir, wie gut er doch Hochdeutsch spreche. Aber wie erstaunt war ich, als nachher einige andere Gäste auf den Mitbruder zugingen und zu ihm sagten, wie nett sie es gefunden hatten, dass er im Dialekt gesprochen habe. So kann man sich täuschen.

Der sprichwörtliche "schwäbische Relativsatz" ist doch durchaus charmant. Ich billige es jedem Schwaben zu zu sagen: "Der Mann, wo sagt…"« - oder die doppelte Verneinung zu benutzen, die grammatikalisch falsch wäre, wenn er die Bootsfahrt über den Bodensee besingt "Jetzt fahr'n wir übern See, über See, jetzt fahr'n wir übern See", wo es dann heißt: "Kein Ruder war nicht dran".

In Frankfurt gibt es sogar die dreifache Verneinung: "Der Domm is nie net a Bischoffssitz net gwese." Das ist im Dialekt charmant und im Hochdeutsch falsch. Keiner käme da auch auf die Idee zu sagen: "Der Dom ist nie nicht ein Bischofssitz gewesen".

Warum soll nicht ein Münchener eine "Gaudi" haben, während die Preußen "Spaß" haben, warum soll nicht ein Bayer "a Moaß" trinken, währen die Touristen einen Liter Bier trinken? Aber auch der Bayer muss in Mecklenburg einen "Goldbreuler" bestellen, wenn er ein gegrilltes halbes Hähnchen will und der Negerkuss zum Nachtisch, der im Süden ein Mohrenkopf ist, muss in Ost-Berlin als "Spreerosette" erstanden werden.

Wer hingegen in Köln ein "Kölsch mit e ne halfe Hahn" bestellt, der wird vielleicht angesichts des erwarteten Grillhähnchens verdutzt auf ein serviertes Brötchen schauen, das im Schwäbischen "Seele" hieße.

Mit Freuden erinnere ich mich noch an meine Studienzeit in Augsburg. Dorthin hatte ich ein paar hanseatische Freunde zum norddeutschen "Kohl und Pinkel Essen" eingeladen. Den Grünkohl einzukaufen nicht weiter problematisch. Aber die Zutaten für die "Pinkel-Wurst" zu bekommen war mit viel Mühe meinerseits und spaßhafter Verwunderung seitens mancher Verkäuferin verbunden: Gestreifter Speck heißt Schinkenspeck, Grütze heißt Haferschrot, und als ich schließlich Flomen bestellte, das ganz einfach Talg genannt wird, da fragte mich doch allen Ernstes die Verkäuferin, ob ich das zum Schuheputzen oder Vogelfüttern verwenden wolle.

Eine mir bekannte Freiburger Studentin hatte am Beginn ihrer Studienzeit größten Appetit auf ein typisch norddeutsches Gericht, das knapp "Knipp" heißt. Man kann sich die entsetzten Blicke der Freiburger Metzgersfrau vorstellen, die dieses Wort noch nie gehört hatte. Knipp ist etwas ähnliches wie "frische Leberwurst" und die im Süddeutschen unbedingt dazugehörende Blutwurst heißt im Emsland "Wurstebrote".

Die Eigenarten einer Sprache sind schön. Die Sprache wäre ärmer, gäbe es keine Dialekte und regional unterschiedliche Bezeichnungen. Man sollte sie sich nicht abgewöhnen, aber auch offen und respektvoll gegenüber anderen Namen und Bräuchen sein. Und schließlich hat man ja einen Mund, um zu fragen. Benutzt man diesen nicht, dann ist man entweder gezwungen ständig "Schnitzel mit pommes frites" zu essen, oder man macht es wie eine meiner Jugendgruppen: die Jugendlichen fuhren mit dem Motorrad aus dem tiefsten

Schwarzwald nach Hamburg. Dort fragten sie nach einem Fischrestaurant, aber hatten daselbst nicht mehr den Mut, sich die Karte erklären zu lassen. Sie bestellten alle "Schwarzwaldforelle, Müllerin Art".

Sprachsouveränität heißt, nicht stur an seiner eigenen Sprache festzuhalten, sondern offen und frei für neue Ausdrücke zu bleiben, sie heißt aber auch: sich die eigene Sprache nicht verleiden zu lassen. Es gehört mit zu den Grundrechten des Menschen, dass er nicht nur eine eigene Meinung haben darf, sondern auch eine beliebige Sprache sprechen darf, solange er immer daran denkt:

Das Schwerste klar und allen fasslich sagen, heißt aus gediegenem Golde Münzen schlagen.

(Geibel)

Wir waren von den kleinen alltäglichen Konflikten ausgegangen und haben einen großen Ausflug in die reichhaltige Welt der Sprache gemacht. Sie ist das Material, mit dem wir täglich mit anderen Menschen umgehen, sie ist das Material, mit dem wir streiten, aber mit dem wir uns auch versöhnen.

Die kleinen Streitigkeiten am Rande, jene Missverständnisse, Ungeschicklichkeiten und oft genug auch Dummheiten, mit denen wir uns und anderen das Leben schwer machen, sind in den meisten Fällen spontane Gespräche mit wenigen Gesprächspartnern. Gerade in diesen Situationen aber ist es besonders ratsam, auf eine gute Sprache zu achten, denn allzu oft sind es nur Unaufmerksamkeiten gegenüber der Sprache, die eine konfliktäre Situation hervorrufen.

Wenn aus all dem Vorangegangenen nur noch einmal deutlich geworden ist, wie wichtig die Sprache ist, welch großer Schatz sie ist und wie sehr sie jeden Menschen prägt, so ist schon viel für konfliktfreieres Umgehen miteinander gewonnen.

Darüber hinaus hat diese von der Sprache geprägte Persönlichkeit einen entscheidenden Anteil an der positiven Gestaltung eines Gespräches. Die Sprache wird personifiziert als unmittelbares, individuelles und originäres Ausdrucksmittel der sprechenden Person.

Wenden wir uns am Ende dieses Teils der Persönlichkeit des Sprechenden zu. Nach B. Kirchner[25] gibt es fünf Voraussetzungen für sicheres Auftreten beim Sprechen (übrigens auch bei der freien Rede vor Gruppen, die deshalb beim Folgenden mit in die Betrachtung einbezogen wird).

Es sind diese:

1. Selbstbejahung des Redners
2. Soziabilität
3. Emotionalität
4. Identifikation
5. Spontaneität

---

[25] Sprechen vor Gruppen - Analytische Betrachtungen zur freien Rede, Stuttgart 1980.

4.1. Selbstbejahung

Die Selbstbejahung entsteht in den frühen Jahren der Kindheit und ist hier von nahezu unzähligen einzelnen Faktoren abhängig. Sie ist im Wesentlichen bestimmt von der Zuwendung, die ein Mensch auf jede erdenkliche und unendlich vielfältige Weise erhält.

Bei der heutigen Art, diese frühen Jahre der Kindheit psychoanalytisch zu erhellen, ist es schon beinahe eine stereotype Feststellung, dass es in dieser frühen Prägungsphase Defizite gegeben hat. Möglicherweise erhält jeder Mensch jeweils weniger Zuwendung, als er im Innersten ersehnt und ich halte es für durchaus möglich, dass es keinem Menschen gelingt, die fundamentale Sehnsucht nach Zuwendung eines anderen Menschen restlos zu erfüllen. Entscheidender als diese Gedanken ist jedoch die Suche nach Möglichkeiten, emotionale Defizite zu beheben.

Das Leben ist in jeder Phase und in jedem Alter dafür offen. Die Psychologie begeht einen elementaren Trugschluss, wenn sie behauptet, dass es nur eine gewisse Zeit der Prägung gibt und fortan der Mensch als so oder so Geprägter zu leben hat. Allenfalls räumt sie ein, dass er sich selber seine Defizite ausgleicht, indem er sich später im Leben "holt", was ihm früher verweigert worden ist.

Mir scheint jedoch ein ganz anderer Weg in die richtige Richtung zu führen. Erfahrungsgemäß erhält der Mensch die geistigen Werte, nach denen er sich sehnt, nicht, indem er sie sich "besorgt", sondern indem er die innere Bereitschaft entwickelt, gerade das, wonach er sich sehnt, anderen zu geben.

Hinsichtlich der Selbstbejahung heißt das, dass mangelnde Zuwendung in frühen Kindheitsjahren in späteren Jahren so ausgeglichen werden kann, dass eine positive Persönlichkeit entsteht. Diese allein wird der freien Rede mächtig sein.

Wer mit genügend Selbstbejahung ausgestattet ist, beurteilt auch seine kommunikative Beziehung zum Mitmenschen positiv. Das Wertbewusstsein, auf dem das Fundament seiner Persönlichkeit ruht, trägt ihn über Unsicherheiten - auch in der exponierten Stelle des Redners - hinweg.

"Weil er von seinem Wesenskern her die Sprachhandlung des freien Sprechens bejaht, erlebt er einen Auftritt als Möglichkeit der Selbstverwirklichung. Die rhetorische Situation ängstigt ihn nicht, da er mögliche Fehlleistungen rascher verarbeiten könnte und sie nicht als Profilverlust empfände. So befähigt ihn die Selbstbejahung zu einem relativ natürlichen Verhalten. Dies zeigt sich vor allem darin, dass er nur eine normale Angst vor Fehlern besitzt und auf tatsächliche Fehler nicht auffallend negativ reagiert. Der in der freien Rede sichere Redner entschuldigt sich an den Stellen seiner Darbietung, an denen eine Entschuldigung angebracht ist. Er entschuldigt sich aber nicht dafür, dass er existiert."[26]

Arbeitshinweis:

Analysieren Sie einmal, in welcher Weise Sie Zuwendung erhalten haben und auch heute noch erhalten. Sollten Sie zu einem Defizit in Ihrer Analyse gelangen, so fragen Sie zunächst nach den Ursachen. Einen Ausgleich in diesem Defizit können Sie erzielen, indem Sie von sich aus anderen Menschen Zuwendung geben. Überprüfen Sie auch Ihre Fähigkeit, von anderen Zuwendung anzunehmen. Seien Sie nicht selbstherrlich, und verschließen Sie sich den Zuwendungsbemühungen ihrer Partner und Mitmenschen nicht.

---

[26] B. Kirschner, Sprechen vor Gruppen... 37.

4.2. Soziabilität

Unter dem Stichwort "Soziabilität" versteht man die Fähigkeit des Sprechenden, sich in seinem Verhalten auf den Gesprächspartner (auch: Zuhörergruppe) und dessen Erwartungen einzustellen. Es geht um die soziale Wertschätzung gegenüber dem Gesprächspartner.

Das "Du" des anderen ernsthaft wahrzunehmen ist demjenigen eher möglich, der sich nicht mehr so stark auf sein Ich konzentrieren muss und die Wertbestimmung seines Ichs nicht von den Reaktionen der Zuhörergruppe abhängig macht ("Wie wirke ich?", "akzeptiert mich der Gesprächspartner?" etc). Der abhängige Mensch ist in seinem Sozialvermögen befangen, da er befürchten muss, mit einem Zuwendungsentzug bestraft zu werden (keiner hört mehr zu). Die Angst aber ist die Gegnerin des Redners.

Offensichtlich ist, dass die wesentliche Prägung hierfür bereits in der Kindheit und Jugend stattfindet.

Arbeitshinweis:

"Befreunden Sie sich allmählich mit dem Gedanken, dass Sie fast ausschließlich danach beurteilt werden, wie Sie auf den anderen wirken (Fremdbildnis) und selten danach, wie Sie selbst sich sehen oder fühlen (Selbstbildnis). Sie werden aber nicht nur nach Ihrem Äußeren und dem gesamten Erscheinungsbild eingestuft, sondern viel stärker nach Ihrem sozialen Verhalten. Um Ihr eigenes Fremdbildnis besser analysieren zu können, sollten Sie sich häufiger von kritischen Gesprächspartnern beurteilen lassen. Falls Sie davor Angst haben, dürfen Sie die Angst als einen Ausdruck einer Verhaltensstörung werten.

Wer vorwiegend seine Selbsteinschätzung als Grundlage für die Bewertung seiner sozialen Beziehungen wählt, sollte mit Urteilen über den Mitmenschen äußerst vorsichtig sein. Er könnte sein Urteilsvermögen durch Projektionen trüben. Gute Menschenkenntnis beginnt mit der Analyse des eigenen Fehlverhaltens. Um Ihr eigenes Fehlverhalten beurteilen zu können, dürfen Sie aber auf das Urteil der Mitmenschen nicht verzichten. Ein guter Menschenkenner kann nur jener sein, der mit Hilfe seiner Sozialpartner zur Analyse des eigenen Verhaltens gefunden hat."[27]

---

[27] B. Kirchner, Sprechen vor Gruppen, 42.

4.3. Emotionalität

Gefühle sind eine wesentliche Triebfeder für menschliches Verhalten[28], darauf wurde bereits unter dem Punkt "Emotionssprache" hingewiesen, vgl. 3.5.).

Beim Miteinander-Reden (ebenso wie beim Reden vor Gruppen) sollte man in seinem emotionalen Bereich über folgende Fähigkeiten verfügen:

- Emotionen entwickeln können
- Emotionen ausdrücken können
- Emotionen im Zuhörer ansprechen können
- Emotionen vom Zuhörer annehmen können

Grundsätzlich gilt hier: je mehr jemand seine Gefühlswelt bejaht, desto größer ist seine Fähigkeit zu sozialen Kontakten. Das Interesse am kommunikativen Geschehen wird

---

[28] "Emotionen sind die Gesamtheit des Gefühlsvermögens eines Menschen, das empfindungs-, trieb- oder persönlichkeitsbedingt sein kann. Gefühle, die aus der Empfindung resultieren können sind z.B. Lust, Unlust, Schmerz, Wohlgeschmack, Gefühle der Hitze und Kälte. Gefühle, die aus dem Triebleben des Menschen resultieren können, sind z.B. Lust und Unlust bei der Triebbefriedigung, Angst, Neid, Eifersucht, Hass. Gefühle, die aus der unmittelbaren Beteiligung der Persönlichkeitsstruktur resultieren können, sind z.B.: religiöse, ethische, ästhetische Gefühle, Sympathie, Antipathie, Gerechtigkeits- und Mitgefühle. Gefühle sind durch folgende Merkmale gekennzeichnet:
   a) Gefühle sind bewusstseinsunabhängig.
   b) Gefühle sind seelische Reaktionen auf unterschiedliche Ereignisse
   c) Gefühle werden angenehm oder unangenehm erlebt." (vgl. B. Kirchner, Sprechen vor Gruppen, 49.)

vor allen Dingen dann geweckt, wenn man es versteht, die Gefühle der Gesprächspartner positiv anzusprechen.

Besonders die freie Rede lebt von den Reaktionen der Gruppe. Die Sicherheit des Sprechenden beweist sich auch dadurch, dass er mit den Reaktionen seiner Zuhörerschaft umgehen kann. Der gefühlsarme Redner ist dazu kaum in der Lage. Ihm fehlt der aus der Kindheit erwachsene intensive seelische Kontakt, der schließlich auch Emotionen als notwendigen Bestandteil seiner psychischen Struktur fordert.

Wer gelernt hat, mit eigenen Gefühlen umzugehen, wird auch von den Gefühlsreaktionen seiner Gesprächspartner nicht überrascht und auch nicht überfordert sein. Die Sicherheit in der rhetorischen Kommunikation wird zunehmen, wenn die Bereitschaft vorhanden ist, sich auf das emotionale Angebot des Zuhörers (der Zuhörergruppe) einzulassen. Der rationale Redner entfernt sich vom Menschen. In der Wirkung seiner intellektuellen Persönlichkeit steht er oft drohend und überragend vor der Gruppe. Ein Gedanke muss lebendig und positiv emotional zu erfahren sein, dann erst bindet er.

Arbeitshinweis:

Bejahen Sie Ihr Gefühlsleben. Fragen Sie sich einmal, von welchen negativen Gefühlen Sie am stärksten belastet werden:
- Angstgefühle

- Minderwertigkeitsgefühle
- Schuldgefühle
- Schamgefühl
- Eifersucht, etc.

Man kann aus dem Käfig der negativen Gefühle nur ausbrechen, wenn man bereit ist, mit einer Person des eigenen Vertrauens über Gefühle zu sprechen und keine Scheu hat, seelische Belastungen darzustellen.

4.4. Identifikation

"In Dir muss brennen, was Du in anderen entzünden willst." (Augustinus)

Identifikation ist das Ergebnis emotionaler Bindungsfähigkeit. Sich von einem Menschen, einer Sache oder eine Idee begeistern, beflügeln oder beleben zu lassen, setzt die Fähigkeit zur Identifikation voraus. Bei der Rede motiviert die persönliche Identifikation des Redners mit dem, was er sagt (Glaubwürdigkeit), die Zuhörer. Es geht dabei nicht um Sachkompetenz, d.h. darum, ob er das auch kann, was er sagt, sondern wie stark er sich damit identifiziert und das, was er kann auch will.

In der freien Rede erhält der Sprechende durch die vermittelte Identifikation die Gelegenheit, seine Gefühle darzustellen. Er öffnet sich für seine Zuhörer und zeigt zu einem großen Teil seine psychischen Beziehungen. Durch die Identifikation des Sprechenden wird auch für die Gruppe eine emotionale Orientierung möglich. Sie kann positive und negative Gefühle entwickeln, der Zuhörer wird eingeladen, seine eigene Identifikation zu befragen, er findet sich - so oder so - in dem, "was da vorne gesagt wird" wieder.

Wo ein Redner keine Identifikation vorlebt, bleibt die rhetorische Atmosphäre menschlich kalt, wird sie auf rein sachliche Bedingungen reduziert.

4.5. Spontaneität

Ängstliche Menschen sind selten spontan! Gerade aber die Spontaneität gibt jedem Gespräch die Würze. Weil aber Angst und Spontaneität korrelative Elemente sind, und es nur sehr bedingt möglich ist, die Angstfreiheit zu erlernen (am ehesten wohl noch durch Routine), lässt sich auch Spontaneität nur schwer trainieren. Im Gespräch verwirklicht man Spontaneität auf zwei Wegen: kreativ oder reaktiv.

"Die freie Rede ist ein kreativer Prozess. Der Sprechende besitzt zwar ein gedankliches Konzept, doch muss er durch assoziatives Denken und Sprechen diesen Prozess vorantreiben, neue Ideen in nachvollziehbare Formen kleiden. Dieses dynamische Sprechen zeichnet den Redner aus und gibt ihm das Gefühl der Selbstverwirklichung. Während der Darbietung jedoch spürt der Sprechende zahlreiche kreative Impulse. Kaum hat er einen Gedanken ausgesprochen, drängt sich ihm der nächste auf. Seine Assoziationen führen ihn bald zu einer schweren Entscheidung: das fixierte Konzept - durch Stichwörter repräsentiert - zu verlassen, um den neuen, originellen Gedanken Ausdruck zu geben - oder: das geplante Konzept beizubehalten und die neuen originellen Gedanken vorerst zu verdrängen.

Sie sehen, Spontaneität kann verführerisch sein. Sie ist es vor allem, wenn ein Redner zu eitler Selbstdarstellung neigt. Ich rate Ihnen:

Verwirklichen Sie Ihr rhetorisches Konzept, wie sie es vorgesehen haben!

Bewahren Sie Gedanken, die sich Ihnen während der Darbietung aufgedrängt haben, in Ihrer rhetorischen Schatztruhe auf. Wenn Sie während des freien Sprechens von Ihrer gedanklichen Linie abweichen, gefährden Sie Ihren Auftritt und die Überzeugungskraft des rhetorischen Eindruckes. Die kreative Spontaneität wird für den Zuhörer nur selten wahrnehmbar.

Dagegen ist in die Spontaneität des Redners, die reaktiv sichtbar wird, der Zuhörer ganz einbezogen. Vom Sprechenden selbst verlangt die spontane rhetorische Situation alle jene Voraussetzungen, die ihn als erfolgreichen Redner charakterisieren: Selbstbejahung, Emotionalität, Fähigkeiten im Umgang mit der Gruppe, Konfliktstabilität und ein gutes sprachliches Fundament.

Der Zuhörer, der diese Interaktionswerte am Sprechenden beobachtet, findet Gefallen an diesem kommunikativen Geschehen. Durch Zwischenrufe, Provokationen und andere spontane Akzente fordert er den Sprechenden heraus, um ihn schlagfertig, originell - eben spontan-reaktiv - zu erleben. Emotionalität und Intellektualität vereinen sich bei einem solchen rhetorischen Geschehen zu einem Erlebnis unverfälschter menschlicher Beziehungen.

Wenn der Redner spontane Reaktionen bewältigt, bereichert er sein Gefühl, sich selbst und die Zuhörergruppe angenommen zu haben."[29]

Arbeitshinweis:

Nichts behindert die Spontaneität mehr als die Routine und nichts beflügelt sie mehr als die Freude an dem, was man tut.

Fragen Sie sich einmal, ob sie wirklich noch Freude an dem haben, was Sie tun und worüber Sie im Beruf reden müssen. Hat die Routine die Spontaneität bereits vernichtet? Ist für Sie der Beruf und das Reden müssen zu einem "Job" geworden? Sind Sie noch begeisterungsfähig?

Wir haben hier – fast ohne es zu merken – den Bereich der reinen Sprache längst verlassen. Im folgenden, zweiten Teil, geht es um dieses "Mehr", es geht um das, was heute so gerne mit dem Plastikwort "Kommunikation" bezeichnet wird. Nennen wir es lieber: Es geht um das, was über das rein Sprachliche hinaus "abgeht" und vor allen Dingen darum, welche Bedeutung und welchen Einfluss es auf die zwischenmenschlichen Konflikte hat.

---

[29] B. Kirchner, Sprechen vor Gruppen, 56f.

II. Teil:

Der Anfang allen "Miteinander-Redens" ist das Sprechen

Dies ist doch das Problem: man hat ein Problem und kann nicht darüber sprechen.

Unlängst sprach ich mit einem älteren Freund, dessen Sohn sich im Studium viel Zeit lässt. Dieser Sohn hat den finanziell gut situierten Vater weidlich ausgenutzt, um sich von ihm die vielen Auslandsaufenthalte und Zusatzqualifikationen zahlen zu lassen. Schließlich war er wieder einmal irgendwo in der Welt unterwegs und darauf angesprochen, reagierte sein Vater ziemlich emotional. Das Ende einer langen Lamentation über "Die Jugend von heute" und so weiter war dann: "Man kann ja mit den jungen Leuten nicht reden."

Immer wieder stoße ich in allen möglichen Facetten auf solche Formulierungen, besonders sind es meiner Erfahrung nach die jungen Leute, welche über die Alten zu dem Urteil kommen, man könnte mit ihnen nicht reden.

Nun, ich kenne tatsächlich wenige Leute, mit denn man nicht reden kann. Viele allerdings kenne ich, die aneinander vorbeireden. Diese Bezeichnung "aneinander vorbeireden" ist ein schönes Bildwort, für das, was tatsächlich passiert, wenn man meint, man könne nicht miteinander reden. Nur: ein noch so gutes Kommunikationsbuch hilft hier im seltensten Fall weiter.

Natürlich ist es menschlich gesehen sehr tragisch, wenn man aneinander vorbeiredet und ich glaube auch, dass man es im Laufe der Zeit lernen kann, diesen Fehler nicht zu machen. Wenn allerdings ein aktueller Konflikt in der Luft liegt (um es mit einem Bildwort zu sagen), dann hilft diese Analyse wenig – zumal sie in den meisten Fällen bereits vorliegt.

Das "Trainingsprogramm" (oh, diese Computersprache!) für richtiges Miteinander-Reden sollte in Beziehungen und Partnerschaften vor allen dann geübt werden, wenn die Beziehung emotional ausgeglichen ist und nicht dann, wenn die Luft ohnehin spannungsgeladen ist.

Die meisten Konflikte, die im Bereich des "Aneinander-Vorbeiredens" entstehen, enden auf die immer selbe Weise: der eine heult und der andere ist Schuld – wobei es stets derselbe ist, der heult und derselbe der Schuld hat. Es ist ein Muster, eines der üblichsten und häufigsten. Aber zugleich auch eines der tragischsten Muster für eine in akuter Not festgefahrene Situation.

Was hilft es nun den beiden, wenn sie genau wissen, dass sie sich in der tückischen Schlaufe von Aktion und Reaktion verfangen haben? Eigentlich nichts.

Darüber könnte man allenfalls reden, wenn

die Luft wieder rein ist. Dann allerdings kann man mit diesem Wissen durchaus viel anfangen. Nur sollte man bedenken, dass die Analyse allein – auch wenn sie stimmt (was bei weitem nicht immer der Fall ist) – nicht die geringste Änderung hervorruft. Um es einmal so zu sagen: das Gute muss man nicht wollen, man muss es tun!

Diesbezüglich unterliegt die menschliche Natur aber einem normalen Trägheitsgesetz: dann nämlich, wenn die Luft wieder rein ist, hält man es nicht für nötig, Veränderungen anzustreben, ja, viele erkennen sogar durchaus richtig, dass das möglicherweise anstrengender wäre, als hin und wieder ein Donnerwetter (wenn auch als Verlierer, aber man gewöhnt sich auch an diese Rolle!) ertragen zu müssen.

Die folgenden (analytischen) Gedanken sind für jene geschrieben, die nicht eine bestehende Notsituation beheben wollen, sondern die sich dazu entschlossen haben, den steinigen Weg des langsamen Veränderns zu gehen – und ich bin mir sicher, dass nur diesen mit dem folgenden auch gedient ist.

Ludwig Feuerbach hat einmal gegen Karl Marx gesagt: "Bis jetzt haben die Philosophen die Welt nur interpretiert, es kommt aber darauf an, sie zu verändern". Das ist nun mehr als hundert Jahre her.

Vieles hat sich tatsächlich seitdem verändert. Aber gleich geblieben ist der Anspruch, dass

Veränderungen sich nicht durch auslegendes philosophisches Gedankengut einstellen. (...)

Nun gab es in diesem Jahrhundert einen politischen Philosophen, dem die Veränderung sehr am Herzen lag. Deshalb zitierte er bei einer Rede in Berlin vor tausenden von Studenten – es war im Jahre der Studentenunruhen (1968) – den oben genannten Satz von Ludwig Feuerbach. Aber er zitierte ihn falsch. Den linksgerichteten Studenten war das Originalzitat jedoch bekannt und sie reagierten mit solch großem Jubel auf das Fehlzitat, dass Dutschkes Korrektur im Jubel der Massen unterging. Es blieb fortan sein Motto: "Bis jetzt haben die Philosophen die Welt nur interpretiert - es kommt aber darauf an, *sich* zu verändern."

Möglicherweise liegt aber hier ein noch nicht voll erkanntes Problem, denn erfahrungsgemäß ändern sich die Menschen nicht so schnell, wie die Zustände es erfordern. Sich zu ändern, das heißt, an sich zu arbeiten, ist eine mühevolle Aufgabe. Und - das kommt erschwerend hinzu – sie ist in den seltensten Fällen ohne äußere Hilfe zu bewältigen.

Wer sich ändern will, der
- muss zunächst einmal wissen, wo er steht,
- muss dann wissen, wohin er will,
- muss sich täglich einen kleinen Schritt in diese Richtung vornehmen,
- muss kontrollieren (lassen), ob er diesen Schritt an diesem Tage auch gegangen ist,

- muss vor sich selbst Rechenschaft ablegen,
- muss oft gegen innere Widerstände ankämpfen,
- muss Fehl- und Niederschläge hinnehmen,
- muss immer neu vertrauen,
- darf nicht mutlos werden,
- darf nicht aufgeben.

Als wichtigste Voraussetzung zur Bereitschaft an sich zu arbeiten, um sich zu ändern, gilt: Lieber einen kleinen Schritt in die richtige Richtung als große Schritte neben dem Weg!

Die Änderungen, von denen hier die Rede ist, vollziehen sich im Kleinen und Stillen, also genau da, wo auch die vielen alltäglichen Konflikte entstehen. Sie wachsen wie ein Saatkorn unter der Erde und sind nicht einfach nur formale Änderungen, die man zu beherrschen meint, weil man ein Buch über Kommunikation gelesen hat.

Ich glaube, dass die Möglichkeit sich zu ändern, dazuzulernen, langsam zu wachsen – und irgendwann auch einmal lächelnd auf sich selbst zurückzuschauen – eine der schönsten Unterscheidungen zwischen Mensch und Tier ist, genau wie die gelungene konfliktfreie Kommunikation der wahren Würde des Menschen am meisten entspricht.

1. Wenn Menschen miteinander reden

Wir hatten als Schüler von unserer Lehrerin ein geistreiches Spiel gelernt. Es hieß: Wortfeld bilden. Wer in einem bestimmten Zeitraum die meisten zugehörigen Ausdrücke zu einem vorgegebenen Wort fand, der hatte gewonnen.

Heute ist der Begriff "Wortfeld" verdrängt durch "brain storming". Wie dem auch sei. Legen wir ein Wortfeld zu "Kommunikation" an, oder machen wir "brain storming": Kommunismus, kommunizierende Röhren, Kommune, Kommunion....

Was ist das Gemeinsame aller dieser Wörter? Nun, jedes drückt in spezieller Weise den Zusammenhalt von Einzelnen aus. Beim Kommunismus geht es um das Zusammenhalten der "Proletarier aller Länder"; bei den kommunizierenden Röhren handelt es sich um mindestens zwei miteinander verbundene und nach oben offene Röhren: werden diese mit einer Flüssigkeit gefüllt, so steht der Flüssigkeitsspiegel in ihnen gleich hoch. In einer Kommune schließen sich, sei es nun als politische Kommune oder als Wohngemeinschaft, Menschen zusammen, und die Kommunion stiftet die Gemeinschaft der Gläubigen und verbindet sie mit Gott.

Wie aber ist es nun bei der Kommunikation?

Zunächst lässt sich sagen, dass auch sie dazu dient, die Verbindung zu halten oder herzustellen. Sie bringt Menschen miteinander in Kontakt, durch sie wird der Zusammenhalt von Einzelnen geschaffen oder gewährleistet. Prinzipiell gilt dies zunächst auch für die Kommunikationsverweigerung -- wir kommen darauf zurück -- denn auch mit dieser wird eine Verbindung zur Außenwelt hergestellt.[30]

Hier nun ist die Möglichkeit, mittels eines Wortfeldes an die Bedeutung des Begriffes "Kommunikation" heranzukommen, beendet. "Kommunikation" ist noch nicht definiert, aber das Wort ist in einen Bedeutungshorizont gestellt, der mögliche Definitionen leichter verständlich macht

Bei einem so bedeutungsreichen Wort wie Kommunikation ist dies bereits eine große Hilfe, erspart man sich doch zunächst die Kenntnis eines großen sprachtheoretischen Umfeldes. Zur genaueren Einsicht in das, was Kommunikation bedeutet, kann es einem jedoch nicht erspart bleiben, dieses durchaus nicht einfach begehbare Umfeld zu betreten.

Schon die Begrifflichkeit des sprachtheoretischen Bereichs (damit haben wir schon den ersten Begriff) können einem Respekt einflößen. Da kommt schnell die Vermutung auf, hier werde mit schwierigen Worten lauter

---

[30] Vgl. P. Watzlawick, J.H. Beavin und Don D. Jackson, Menschliche Kommunikation - Formen, Störungen, Paradoxien, Stuttgart 1908, Die Unmöglichkeit nicht zu kommunizieren, 50ff.

Banales erklärt. Und in der Tat finden sich - in Erinnerung an das in Teil 1 Gesagte - viele Plastikwörter in diesem sprachwissenschaftlichen Bereich. Schon deshalb ist die Vermutung der Blenderei nicht so ganz aus der Luft gegriffen. Aber dennoch kommt man um die Betrachtung einiger wichtiger Aspekte von Kommunikation nicht herum.

Da dies jedoch ein praxisnahes Buch sein soll, wollen wir diese Betrachtungen so unkompliziert wie möglich und nur so abstrakt wie unbedingt notwendig anstellen.

Es geht nun zunächst um die Definition von "Kommunikation".

1.1. Grundzüge allgemeiner Kommunikation

1.1.1. Begriffsklärung

"Kommunikation" stammt aus dem Lateinischen ("communicatio"). Der Begriff deckte ein weites Feld von Bedeutungen ab, in dem u. a. die deutschen Wörter: Verbindung, Mitteilung, Austausch, Umgang, Gemeinschaft liegen. Schon der "Große Brockhaus" geht mit seiner Erklärung des Begriffes Kommunikation über die reine Begriffsbedeutung, wie sie sich aus der Übersetzung vom Lateinischen ergibt, hinaus.

Der "Große Brockhaus" definiert:

Kommunikation bezeichnet "im wesentlichen Sinne alle Prozesse der Übertragung von Nachrichten oder Informationen durch Zeichen aller Art unter Lebewesen (Menschen, Tieren, Pflanzen) und/oder technischen Einrichtungen (Maschinen) durch technische, biologische, psychische, soziale und andere Informationsvermittlungssysteme".

Aber auch diese Definition bleibt vage. Ein kurzer Blick in die Bedeutungsgeschichte des Wortes zeigt nämlich, dass es über den platonischen Begriff der Teilhabe an den ewigen (und damit bereits für Platon "göttlichen") Ideen Eingang in die Philosophie und so eine weite Verbreitung fand. Thomas von Aquin bezeichnete mit "communicatio" die Mitteilung des göttlichen Seins in der Schöpfung. Entsprechend der langen Begriffsgeschichte von "communicatio" gibt es eine Fülle von Definitionen. Ins Deutsche wurde das Wort "Kommunikation" als philosophischer Begriff zum ersten Mal von Karl Jaspers eingeführt.[31] Karl Jaspers bezeichnet mit Kommunikation eine geschichtliche, durch Mitteilung gebildete Gemeinschaft gegenseitigen bewussten Verständlichwerdens. In diese Definition sind bereits erste kommunikationstheoretische Ergebnisse übernommen. Jaspers spricht nicht nur von der reinen Informationsübermittlung sondern von einer "Gemeinschaft", die durch Kommunikation entsteht. Damit ist zugleich gesagt, dass die Bedeutung von Kommunikation nicht allein durch eine Übersetzung des lateinischen Wortes ins Deutsche erkannt wird. Zur Kommunikation gehört ein Kommunikationsprozess, bzw. verschiedene Kommunikationsphasen. Auf diese werfen wir später noch einen Blick. Bleiben wir zunächst bei der Möglichkeit, dass durch Kommunikation Gemeinschaft entsteht.

Kommunikation beruht offenbar auf einer gewissen Wechselwirkung. Also kann man unterscheiden: "Eine einzelne Kommunikation heißt Mitteilung (message)... Ein wechselseitiger Ablauf von Mitteilungen zwischen zwei oder mehreren Personen wird als Interaktion bezeichnet"[32].

---

[31] Vgl. K. Jaspers, Vernunft und Existenz, München 1935, 72.
[32] Vgl. P. Watzlawick u.a., Menschliche Kommunikation....50f.

So kommen wir zu einer noch umfassenderen Definition von Kommunikation. Sie ist dem Bereich philosophischer Kommunikationstheorien entnommen und stammt von Rupert Lay[33]:

Kommunikation bezeichnet eine über symbolische Zeichen vermittelte Interaktion zwischen Menschen. Diese Zeichen können Sprachzeichen (Worte, Sätze, Reden), aber auch andere wie die der Liebe (Schenken, Umarmen, Streicheln...) sein. Interaktion bezeichnet jede aktive Wechselbeziehung zwischen sozialen Gebilden (Personen, Gruppen, Gesellschaften). Diese Wechselbeziehung wird durch Angebote und deren Annahme zu gemeinsamen Handeln (Sprachhandeln, Tathandeln) begründet. Interaktion ist nur möglich, wenn die Interaktionspartner in der Lage sind, die wechselseitigen Angebote zu verstehen und angemessen auf sie zu reagieren. Das gilt auch und vor allem für die kommunikative Interaktion.

Bei diesem Text bezieht sich die "Definition" im eigentlichen Sinne nur auf den ersten Satz: "...eine über symbolische Zeichen vermittelte Interaktion zwischen Menschen..."

Lay legt seiner Definition zugrunde, dass der Mensch ein soziales Wesen ist und auch durch Kommunikation sozial handelt, d.h. Kontakte zu Anderen zu knüpfen in der Lage ist.

---

[33] Dialektik für Manager, Berlin 198913, 52.

So basiert die Definition von Kommunikation auf der wohl richtigen Grundüberzeugung, dass man den Menschen von seiner Fähigkeit her definieren kann, Interaktionsangebote zu machen und mit anderen umzugehen.

Entgegen einer weit verbreiteten Auffassung besteht Kommunikation nicht nur aus Wörtern, sondern bezieht sich auch auf Tonfall, Geschwindigkeit der Sprache, Pausen, Lachen, Seufzen, Körperhaltung, Ausdrucksbewegungen etc.

In diesem Zusammenhang sei auf die so oft übersehene, grundlegende Eigenschaft hingewiesen, dass Verhalten kein Gegenteil hat, "oder um dieselbe Tatsache noch simpler auszudrücken: Man kann sich nicht nicht verhalten. Wenn man also akzeptiert, dass alles Verhalten... Kommunikation ist, so folgt daraus, dass man, wie immer man es auch versuchen mag, nicht nicht kommunizieren kann. Handeln oder Nichthandeln, Worte oder Schweigen haben alle Mitteilungscharakter: sie beeinflussen andere, und diese anderen können ihrerseits nicht nicht auf diese Kommunikation reagieren oder kommunizieren damit selbst.

Es muss betont werden, dass Nichtbeachtung oder Schweigen seitens des anderen dem eben Gesagten nicht widerspricht. Der Mann im überfüllten Wartesaal, der vor sich auf den Boden starrt oder mit geschlossenen Augen dasitzt, teilt den anderen mit, dass er weder sprechen noch angesprochen werden will, und gewöhnlich reagieren seine Nachbarn richtig darauf, indem sie ihn in Ruhe lassen. Dies ist nicht weniger ein Kommunikationsaustausch als ein angeregtes Gespräch"[34], denn der Mann macht das Angebot zu schweigen, dieses nehmen die anderen Wartenden an und es wird daraus ein gemeinsames Handeln. Es bleibt jedoch die Frage, ob eine solche Kommunikation eine "aktive Wechselbeziehung" im Sinne der Definition von R. Lay ist. Vermutlich nicht.

Denn das Schweigen ist eine Reaktion auf den ständigen unausgesprochenen Appell dessen, der vor sich hinstarrt. Die Kommunikation bleibt gewissermaßen stehen und entwickelt sich zu der Fehlform, dass einer ständig appelliert und die anderen auf diesen Appell reagieren (wir werden darauf im Zusammenhang mit Kommunikationsstörungen noch zu sprechen kommen).

Der Mensch ist zwar ein Sozialwesen, das in der Lage ist auf die Kommunikationsangebote anderer einzugehen (und das wäre ja beim Schweigen gegeben), andererseits aber entsteht eine echte, aktive Wechselwirkung nur durch ein ständiges Hin und Her zwischen Aktion und Reaktion. D. h. der Mensch als Sozialwesen versucht prinzipiell soziale Situationen zu erzeugen, die seine Sozialität nicht zerstören, sondern fördern.

Es wird durch das Beispiel deutlich, dass

---

[34] P. Watzlawick, Menschliche Kommunikation… 51.

Sprache als Interaktionsform Menschen miteinander verbinden oder ihre Beziehung untereinander zerstören kann. Hieraus ergibt sich die erste Grundregel:

Man darf anderen Menschen nur Kommunikationsangebote machen, die sie akzeptieren können und mit ihrem Selbstverständnis nicht im Widerspruch stehen.

Ich kann mich noch gut daran erinnern, als ich zum ersten Mal als trampender Student von einem LKW-Fahrer mitgenommen wurde. Dieser konnte mit hoher Wahrscheinlicheit davon ausgehen, dass ich Student war. Für unsere Kommunikation war also folgendes klar: der LKW-Fahrer war der Höherstehende, weil er mich mitnahm, ich hingegen war ihm sprachlich überlegen. Mein Kommunikationsangebot an ihn konnte also nur so sein, dass er es in diesem Rahmen akzeptierte. Eine Kommunikationseröffnung wie: "Das finde ich ja sozial höchst interessant, dass Sie einen Studenten mitnehmen..." hätte sicher mit seinem Selbstverständnis im Widerspruch gestanden. So stieg ich ein und bedankte mich erst einmal für seine Freundlichkeit, angehalten zu haben. Anschließend kamen wir in ein gutes Gespräch über Autofahren, LKWs auf den Straßen, über Getriebe und Reifendruck.

Eines muss in diesem Abschnitt über die Begriffsklärung noch gesagt werden: zwar bezieht sich Kommunikation auf alle möglichen Interaktionsformen; hier wird der Begriff jedoch in erster Linie für die verbale

Kommunikation verwandt. Auch die Bezeichnung "sprachliche Kommunikation" wäre noch zu ungenau, denn hierzu gehört zum Beispiel auch die nonverbale Körpersprache.

Ich habe lange überlegt, ob und wie man den Begriff Kommunikation durch einen anderen, vielleicht sogar deutschen Begriff ersetzen kann. Es gäbe einige, die aber jeweils nur Aspekte dessen wiederzugeben vermögen, was durch den Begriff Kommunikation insgesamt gesagt wird.

Dann habe ich einige Bekannte und Freunde gefragt, was sie unter Kommunikation verstehen. Es war auffällig, dass bei allen eine der ersten Assoziationen tatsächlich die verbale Sprache war. Und in der Tat wäre es ja auch nicht leicht, dem Laien, der im Wartezimmer des Arztes sitzt, zu erklären, dass das Schweigen der Wartenden etwas mit Kommunikation zu tun habe. Im Gegenteil: landläufig ist die Ansicht verbreitet, Kommunikation habe in erster Linie mit Reden und mit verbaler Sprache zu tun.

Nun gibt es aber auch bei der verbalen Kommunikation die direkte und die indirekte Kommunikation. Die direkte ist das Sprechen von Angesicht zu Angesicht, die indirekte der sprachliche Austausch über Kommunikationsmittel wie Telefon, Telefax, Teletext usw.

Im Folgenden wird also mit dem Begriff "Kommunikation" die direkte und indirekte verbale Interaktion bezeichnet.

1.1.2. Kommunikationsvoraussetzungen

Will man die oben gegebene Grundregel nicht verletzen, dass man anderen nur Kommunikationangebote machen darf, die sie akzeptieren können und die zu ihrem Selbstverständnis nicht im Widerspruch stehen, so sind zwei Leitsätze zu beherzigen:

1. In jeder Unterhaltung muss man sich darüber im Klaren sein, welche soziale Situation den Rahmen für das gegenwärtige Kommunikationsgeschehen bildet.

Man frage also:
- Geht es darum, dass ich mit Menschen spreche?
- Geht es darum, dass ich zu Menschen spreche?
- Geht es darum, dass ich über Menschen spreche?
- Geht es im Gespräch um Meinungen oder Vermutungen?
- Geht es um Erklärungen, Erfahrungen oder Begründungen?
- Geht es um Gefühle des Anderen?
- Geht es um Vergangenes, Gegenwärtiges oder Zukünftiges?

Folgende Alltagssituation mag das verdeutlichen: man trifft einen Bekannten, dieser fragt: "Wie geht es Ihnen?", man selbst, hocherfreut endlich einmal den inneren Stimmungen Lauf lassen zu können, antwortet wahrheitsgetreu und wortreich mit Erklärungen zu der gegenwärtigen geistigen und sozialen Situation, flicht nebenbei Hinweise auf die Unmenge an anfallender Arbeit ein, macht einen Schlenker über die derzeitige Innen- und Außenpolitik, streift kurz das ganze Weltgeschehen, kommt dann auf die eigene Situation zurück, lässt den erschreckt und erstaunt Zuhörenden in vergangene Jahre und Jahrzehnte einblicken, sagt kurz, dass man gleich am Ende sei, holt dann noch einmal zu ausschweifender Schilderung und Hintergrundserklärung veränderter Sichtweisen aus, resümiert dann seine Stellung in Familie und Betrieb, lässt erkennen, dass man unterbezahlt aber willig ist, wirft abermals ein kurzes Licht auf die Arbeitsmarktsituation und endet mit der ergreifend schlichten Erklärung, dass es einem alles in allem nicht besser gehen könne...

Dabei wollte der Fragende doch nur mit einer Floskel das Gespräch eröffnen und selber sagen, dass es ihm gut gehe. Man hat die Situation verkannt.

Im Laufe der folgenden Darstellungen wird auf diese Grundregel immer wieder zurückgegriffen werden, denn sie ist jeder konkreten Kommunikationsform und -art zugrunde zu legen. Mit ihr hängt beispielsweise die Motivation des Sprechers zusammen. Wer kennt nicht die Situation, bei einer Rede durch eine Zwischenfrage unterbrochen zu werden? Und wer kennt nicht den inneren Kampf, der dann einsetzt: Der Gedankengang sollte nicht unterbrochen werden, erst nach der Darstellung sollte gefragt werden, jetzt Fragen zu stellen ist unpassend, der Fragende jedoch sollte nicht brüskiert werden, hier ist kurz zu antworten, so dass die Rede nahtlos weitergehen kann...?

Die mögliche Lösung dieses Konfliktes hängt daran, wie schnell die soziale Situation erfasst und wie ihr begegnet wird. Angenommen - und das ist gar nicht so selten -, der Fragende, möchte vom Redner gar nichts (Zusätzliches) wissen, sondern will nur zeigen, dass auch er etwas von der Sache versteht. In diesem Fall braucht man auch nicht zu antworten: das wäre die beste Reaktion.

Erkennt der unterbrochene Redner jedoch nicht, dass sich der Fragende unter dem Schein der Unterordnung eigentlich nur selbst darstellen will, dann verkennt er die soziale Situation: er nämlich hält den Fragenden für jemanden, der die Autorität des Redners anerkennt, ja, sie noch durch eine gezielte Frage stärkt.

Der Fragende hingegen stellt sich selbst über den Redner, missbraucht er doch die Rede des Anderen für seine Selbstdarstellung. Die entsprechenden Kommunikationsstörungen sind dann nahezu vorprogrammiert: der Fragende hält sich für belehrt, sein ursprünglicher Wille zur Selbstdarstellung ist frustriert, so kann er die Antwort des Redners - die ihn, den Frager, als Dummkopf dastehen lässt - nicht stehenlassen, er fragt ein zweites Mal nach, diesmal schon mit erheblicher emotionaler Ladung...

Bei Missachtung des ersten Leitsatzes entstehen viele unnötige Kommunikationsstörungen, die auf dem Verkennen der sozialen Situation beruhen.

Der zweite Leitsatz zur Verwirklichung der ersten Grundregel lautet: Das kommunikative Angebot muss in den Erfahrungshorizont des Partners passen!

Der Partner muss prinzipiell in der Lage sein, dem kommunikativen Angebot zuzustimmen oder es abzulehnen. Hannah Green hat in ihrem faszinierenden Buch "Ich habe Dir nie einen Rosengarten versprochen" beschrieben, wie stark psychisch kranke Menschen darunter leiden, ihren Erfahrungshorizont nicht mit anderen teilen zu können. Die Erfahrungen von Schizophrenie sind nur so mangelhaft objektivierbar, dass ein schizophrener Mensch mit einem nicht schizophrenen nur im seltensten Falle über seine Krankheit sprachlich kommunizieren kann. Durch den unterschiedlichen Erfahrungsstand kann Kommunikation sehr erschwert werden.

Nebenbei bemerkt scheint mir das Fehlen von Erfahrungsmöglichkeiten das entscheidende Kommunikationsproblem der zukünftigen Gesellschaft zu sein. Eine Gesellschaft, so schrieb Rupert Lay vor mehr als fünfzehn Jahren in seinem Buch "Dialektik für Manager"[35], "wird zerfallen, wenn sie sich nicht

---

[35]Berlin 1989$_{13}$, 55.

mehr auf gemeinsam akzeptierte und gewertete Erfahrungen (...) stützen und mit der Fähigkeit ihrer Mitglieder rechnen kann, sich untereinander verständlich zu machen. Den Zerfall einer Gesellschaft kündet u.a. "das Schrumpfen der kommunikativen Kompetenz der Führenden in Politik und Wirtschaft an, die sich nicht mehr allgemein verständlich machen können". Inzwischen haben wir den Zusammenbruch des Staates der DDR, den Zerfall des Warschauer Paktes und den der Sowjetunion erlebt. Nun bekommt jede der vormals mit Gewalt (wir kommen auf die Funktion der Gewalt in solchen Systemen noch zu sprechen) zusammengehaltenen Staaten eine größere Eigenständigkeit. Es entstehen mehrere kleine Kommunikationsgemeinschaften (auch auf diesen Begriff kommen wir noch zu sprechen), die einen neuen Erfahrungshorizont suchen.

Ähnliches gilt übrigens nicht nur für politische Gesellschaften, sondern ebenso für Einzelpersonen. Ein Mensch, der in seinem Leben kaum echtes und tiefes Vertrauen bekommen hat, dem schwindet die Erfahrungsmöglichkeit für Vertrauen. Sollte ihm irgendwann einmal jemand wirklich vertrauen, dann kann er mit diesem Vertrauen nicht das geringste anfangen, es sei denn, es würde ihm im Horizont seiner Erfahrungsmöglichkeiten (auch seiner kommunikativen) angeboten werden.

Ich habe einen jungen Mann im Gefängnis kennengelernt, der zu oft enttäuscht worden ist, als dass er noch vertrauen könnte. Seine

Verletzungen waren so tief, dass er auch das Vertrauen anderer nicht annehmen konnte. Zwar ging seine Hoffnung dahin, wieder vertrauen zu können, aber sein Misstrauen war zu groß. Immer wieder fragte er sich, ob der andere sein Vertrauen nun auch ehrlich meine, oder ob er ihn doch nur wieder missbrauche und fallen lasse. Alles, was er geschenkt bekam, trug für ihn den Geruch des "Köders" er fühlte sich nie beschenkt, sondern immer "gekauft".

Bei einem solchen Menschen sind die Erfahrungsmöglichkeiten stark reduziert. Er kann Vertrauen nicht einfach dadurch erfahren, dass man ihm vertraut, denn die Verstehensmöglichkeit dafür ist bei ihm zerstört, oder wenigstens blockiert. Man muss andere, neue Wege suchen, um ihm zu zeigen, dass er wertvoll, geachtet und geliebt ist, dass man ihn versteht und ihm glaubt. Es geht darum, die Erfahrungsmöglichkeiten für Vertrauen in ihm neu zu erwecken. Dies geht nur auf indirektem Wege. Erst, wenn die Möglichkeit zu vertrauen wieder gegeben ist, dann kann man ihm direkt Vertrauen entgegenbringen.

1.1.3. Kommunikationsphasen

Jede Kommunikation verläuft in drei Phasen. Die Person A meint etwas und formuliert dieses (Phase 1); die Person B hört etwas und versteht das Gemeinte (Phase 3). Dazwischen liegt die Phase zwei, die reine Informationsvermittlung.

Die erste Phase besteht - weniger fachmännisch ausgedrückt - darin, dass das, was gesagt werden soll, in Wörter gefasst wird. Dies ist ein Vorgang, den jeder hunderte Male am Tag einleitet: man will etwas ausdrücken, hat eine Vorstellung von dem, was man sagen will und sucht nun dafür die richtigen Wörter. Jeder Mensch kennt die damit verbundene Problematik, die sich vor allen Dingen an den Missverständnissen zeigt. Ein Missverständnis entsteht nämlich dann, wenn das, was jemand sagen will, nicht in die passenden Wörter gefaßt wurde, wenn man etwas anders meint, als man es sagt, oder etwas anders versteht, als es gemeint war. Wir retten uns häufig aus solchen Missverständnissen, indem wir uns sagen (oder beruhigend sagen lassen): "Nimm es ihm nicht übel, der meint das nicht so", "Das war sicher anders gemeint, als Du es verstanden hast" usw.

In der Tat ist dies eine der einfachsten Arten, mit einer sehr häufig vorkommenden Form von Missverständnissen fertig zu werden - sie ist auf jeden Fall besser als übertriebene Empfindlichkeit. Gleichzeitig aber kann man an solchen Vorkommnissen auch üben, das, was man sagen will, adäquat in Wörter zu fassen.

So ist die Beschreibung der ersten Phase zu präzisieren: sie besteht darin, das, was gesagt werden soll, in passende oder entsprechende Wörter zu fassen.

Nun haben die Sprachphilosophen für diesen schlichten Satz auch eine wissenschaftliche Version.

"Das, was gesagt werden soll" heißt: Information. Das "In-Wörter-fassen" nennen sie: Codierung; und "passend" heißt: adäquat. So besteht denn die erste Kommunikationsphase in der Codierung der Information in adäquate Wörter, bzw. in der wortadäquaten Informationscodierung (um einmal mehr ein Beispiel für "Plastikwörter" zu bringen).

Kommunikation im Sinne einer Verständigung ist nur möglich, wenn die zu vermittelnden Gedanken oder Absichten in ein kommunizierbares Zeichensystem (z.B. Schrift) gesetzt werden!

Die zweite Phase besteht in der Übermittlung der Information, d.h. in den physikalischen Signalen des entsprechenden Zeichensystems, das in der ersten Phase gewählt wurde. Es ist gewissermaßen die objektive Phase, d.h. die Phase, in der sowohl die subjektive Bedeutung, die der Sprecher den Wörtern gibt, als auch die subjektive Bedeutung, die der Hörer ihnen entnimmt, keine Rolle spielen.

Es geht nur um die bloße Vermittlung: um Schallwellen, Lichtreflexe, Elektroimpulse usw.

Noch einmal: die zweite Phase betrifft noch nicht die Entzifferung des Codes (Decodierung), sondern betrifft nur das, was einer sagt und der andere hört: der eine sagt "Hahn" und der andere hört "Hahn", der eine sagt "Schimmel" und der andere hört "Schimmel", völlig unabhängig davon, ob der Wasserhahn oder der Wetterhahn gemeint ist, bzw. das Pferd oder der Schimmelpilz auf altem Käse gemeint ist.

Diese Unterscheidung spielt erst in der dritten Phase eine Rolle. Hier geht es zunächst nur um die physikalischen Signale.

In der zweiten Kommunikationsphase werden die in der ersten Phase gewählten Zeichen mittels physikalischer Signale (Schallwellen, Elektroimpulse, Lichtreflexe etc.) übermittelt. Dies ist die objektive Phase.

Die dritte Phase besteht in der Decodierung der übermittelten Information seitens des Hörers, d.h. darin, dass derjenige zu dem gesprochen wurde, die in den Wörtern übermittelten Informationen erhält. Nimmt er die gegebenen Informationen so auf, wie der Sprechende sie gemeint hat, so entsteht eine hohe Übereinstimmung zwischen Sprechendem und Hörendem. Diese Übereinstimmung nennt man: Verständnis. Je mehr der gemeinten Informationen der Hörende versteht und aufnimmt, umso größer ist das Verständnis zwischen Sprechendem und Hörendem.

Es gibt (soziale) Situationen, die ein Verständnis zwischen Sprechendem und Hörendem von vornherein unmöglich machen. Wenn jemand mit Recht davon ausgehen kann, dass die von ihm abgesandten Informationen nicht verstanden werden, d.h. wenn der Hörende durch die Decodierung keine, oder nur sehr geringe Informationen zu erhalten scheint, dann kann es unter Umständen besser sein, mit ihm nicht zu reden.

Kein vernünftiger Mensch würde beispielsweise auf die Idee kommen, einem vierjährigen Kind mit Fachausdrücken aus der Physik und Elektronik die Funktion eines Taschenrechners erklären zu wollen. Die Verständnismöglichkeiten zwischen Sprechendem und Hörendem hängen davon ab, wie groß die Übereinstimmung der beiden Zeichenvorräte ist, d.h. die Decodierung seitens des Hörenden muss prinzipiell möglich sein. Wenn nicht, hat es keinen Sinn mit ihm zu reden. Wir kommen hier an die Grenzen der unten noch näher auszuführenden Kommunikationsstörungen.

In der dritten Kommunikationsphase werden die abgesandten Signale abhängig vom Zeichenvorrat des Hörenden decodiert. Entsprechend seiner Möglichkeiten "versteht" der Hörende den Sprechenden oder nicht. Es hat keinen Sinn Informationen zu geben, die ein Anderer nicht als solche aufnehmen kann.

Objektivität liegt hier also vor, wenn die informationsabgebende und die -aufnehmende Seite den Wörtern dieselbe Bedeutung geben. Oder, um es anders zu sagen: die objektive Informationsübermittlung ist gegeben, wenn der Empfänger das Gesagte so versteht, wie der Sender es meint.

In der ersten und dritten Phase tragen die Wörter und Sätze subjektive Bedeutungen. Das sind jene Bedeutungen, die im Laufe der persönlichen Anwendungsgeschichte mit einem Wort oder einem Satz verbunden worden sind. Je unterschiedliche Erfahrungen zwei Menschen im Kontext eines Wortes oder Satzes gemacht haben, umso mehr werden die beiden subjektiven Bedeutungen voneinander abweichen.

Hier wurde gewissermaßen "unter die Lupe genommen", was strukturell bei jeder Kommunikation vorliegt. Natürlich kann diese Struktur nicht immer bewusst werden. Wenn man beispielsweise medizinisch beschreibt, was im Organismus alles vorgeht, bis ein Augenlid einmal niederschlägt, dann wird eine solche Darstellung sicher sehr umfangreich. Dennoch schlagen wir tausende Male am Tage das Augenlid nieder, ohne jedesmal darüber nachzudenken. Zum tieferen Verständnis dieses Prozesses kann es jedoch hilfreich sein, sich die Schritte im einzelnen klarzumachen. Schlägt beispielsweise bei einem

Menschen das Augenlid nicht so häufig nieder und soll dieser Fehler korrigiert werden, dann ist es hilfreich, sich den gesamten Prozess, der zum Niederschlagen des Lides führt, zu vergegenwärtigen, um Rückschlüsse auf den zu korrigierenden Fehler zu ziehen.

So ist es auch mit der Kommunikation. Wir leben in ihren Strukturen, sie sind uns nicht bewusst, obwohl wir sie unzählige Male benutzen, und auch wenn wir über diese Strukturen nachdenken, kommen wir nicht aus ihnen heraus.

Wer dieses Kapitel über Kommunikationsstrukturen liest, kann es nur innerhalb solcher Strukturen verstehen: Ich habe etwas sagen wollen und habe das, was ich sagen wollte codiert. Dies ist die erste Kommunikationsphase. Nun sind diese Codes zu Papier gebracht. Der Leser bekommt sie vermittelt. Dies ist die zweite Kommunikationsphase.

Nun dekodiert er, weil er ja verstehen will! Aber schon hier ist er festgelegt, denn jeder hat einen anderen Zeichensatz, nach dem er decodiert. Dies wird dadurch einsichtig, dass derjenige, der diesen Abschnitt verstanden zu haben meint, ihn wiederzugeben versuchen kann. Auch er kann Zeichnungen anfertigen, um das Verstandene anschaulich zu machen. Mit hoher Wahrscheinlichkeit aber wird er andere Wörter benutzen.

Erst dann könnte ich zu begreifen versuchen, was er nun wie verstanden hat und - dies ist wohl das Wichtigste - ob er mich verstanden hat. Es würde sich zeigen, ob das, was ich objektiv - d.h. in der Codierung - gesagt habe, mit den Verstehensmöglichkeiten dieses speziellen Lesers übereinstimmt.

Das Problem der subjektiven und objektiven Bedeutung von Wörtern ist umfangreich. Wo es im Zusammenhang mit Kommunikation eine Rolle spielt, wird im zweiten Teil an Ort und Stelle gezeigt. Nur so viel soll zunächst einmal festgehalten werden:

Die Vermittlung von Informationen setzt sich aus zwei Komponenten zusammen: einer objektiven Bedeutung von Wörtern und Sätzen (Semantik) und einer emotionalen. Die Tatsache, dass Informationen sich aus mindestens zwei Komponenten zusammensetzen[36] macht diese prinzipiell missverständlich. Missverstandene Informationen führen zu Kommunikationsstörungen. Darauf werden wir weiter unten zu sprechen kommen.

Eines jedoch wird hier schon deutlich: da es in der Kommunikation um Verstehen geht, muss die prinzipielle Bereitschaft dazu vorhanden sein. Einen Menschen, den ich nicht verstehen will, werde ich auch nie verstehen.

Eine wichtige Voraussetzung für gelungene Kommunikation nennt bereits der Heilige

---

[36] Die Definition Semantik = "objektive Bedeutung von Worten und Sätzen", wie sie im oben gegebenen Merksatz enthalten ist, stammt von R. Lay, Die Macht der Wörter, München 1986, 29.

Ignatius von Loyola, der große Exerzitienmeister der katholischen Kirche. Bevor er überhaupt mit seinem Exerzitienbüchlein beginnt, macht er eine weitreichende Bemerkung: "Damit sowohl der, der die geistlichen Übungen gibt, wie der, der sie empfängt, einander jeweils mehr helfen und fördern, haben sie, dass jeder gute Christ mehr bereit sein muss, eine Aussage des Nächsten zu retten, als sie zu verdammen. Vermag er sie aber nicht zu retten, so forsche er nach, wie jener sie versteht, und wenn er sie übel versteht, so verbessere er ihn mit Liebe, genügt dies aber nicht, so suche er alle passenden Mittel, dass jener, sie richtig verstehend, sich rette."[37]

Es erübrigt sich wohl hinzuzufügen, dass diese Voraussetzung nicht nur für jeden "guten Christen" gilt, sondern für jede gelungene Kommunikation.

Friedmann Schulz von Thun sagt, dass bei der Kommunikation immer vier Ohren im Spiel sind:

"1. Mit dem Sach-Ohr versucht er den sachlichen Informationsgehalt zu verstehen (....)

2. Mit dem Selbstkundgabe-Ohr ist er diagnostisch tätig: (....) welche Gefühle und Motive sind mit einer Äußerung verbunden?

3. Mit dem Beziehungs-Ohr nimmt er auf, was der andere von ihm zu halten scheint. Die

---

[37] Ignatius von Loyola, Die Exerzitien, Nr.22; zitiert nach der Übersetzung von Hans Urs von Balthasar, Einsiedeln 1979.

Gefühle des Empfängers nähren sich meist zu einem guten Teil aus den erhaltenen Beziehungsbotschaften, das Selbstwertgefühl eines Menschen resultiert wesentlich aus ihnen.

4. Mit dem Appell-Ohr hört er die Aufforderung heraus, der er an sich gerichtet spürt (...); dieses Ohr ist überhaupt empfänglich für 'Druck', der sich mit einer Äußerung verbinden und/oder unter den sich der Empfänger gesetzt fühlen kann."[38]

---

[38] Friedmann Schulz von Thun, Miteinander reden – Stile, Werte und Persönlichkeitsentwicklung, Hamburg 1998, 21.

1.2. Kommunikationsgemeinschaften

Da Kommunikation die "über symbolische Zeichen vermittelte Interaktion zwischen Menschen" ist, erzeugt sie eine Gemeinschaft. R. Lay nennt das so: "Immer wenn Kommunikation in Gang kommt, wenn also ein Kommunikationsangebot angenommen wird, entsteht ein soziales System vom Typ 'Kommunikationsgemeinschaft'... Soziale Systeme vom Typ 'Kommunikationsgemeinschaft' haben als notwendige Bedingung eine kommunikative Einheit, an die sie grundsätzlich gebunden sind. Zerfällt diese Einheit, zerfällt das System"[39].

Wenn beispielsweise zwischen zwei Menschen ein Gespräch entsteht - und sei es nur eine kurze Begrüßung -, dann bilden sie eine Kommunikationsgemeinschaft. Das, was die beiden Menschen verbindet ist das Gespräch. Ist dieses beendet, ist auch die Kommunikationsgemeinschaft aufgelöst.

Nun gibt es aber nicht nur Kommunikationsgemeinschaft zwischen zwei einzelnen Personen, sondern man unterscheidet im allgemeinen:

1. Innerpersonale Kommunikation, d.h. die sogenannten "Geisteskämpfe", das innere Abwägen von Für und Wider etwa im Entscheidungsprozess, im Aufbau von Motiven, Emotionen, Interessen und Bedürfnissen.

---

[39] R. Lay, Die Macht der Wörter,.... 137f.

2. Mediengebundene Kommunikation, d.h. der indirekte Austausch zwischen Personen, bei dem der Informationsträger ein Medium ist (Zeitung, Film, Tonband etc.),

3. Interpersonale Kommunikation, d.h. der Austausch zwischen zwei oder mehreren Personen im Gespräch.

1.2.1. Die innerpersonale Kommunikation

Im Falle der innerpersonalen Kommunikation bildet die Person eine Kommunikationsgemeinschaft mit sich selbst, d.h. sie versucht sich durch das Abwägen von Für und Wider, durch das "Sich-Gedanken-Machen" ihre Identität zu finden. Hier laufen prinzipiell dieselben Prozesse wie im Falle interpersonaler Kommunikation ab. Es gibt auch bei der innerpersonalen Kommunikation die Möglichkeit, ein Interaktionsangebot nicht anzunehmen - das wäre etwa der Fall, wenn jemand sein Gewissen überhört. Alle Möglichkeiten tatsächlicher oder gestörter Kommunikation sind auch im Innenbereich einer Person gegeben.

1.2.2. Die mediengebundene Kommunikation

Auch die mediengebundene Kommunikation ist eigentlich eine Sonderform der interpersonalen Kommunikation, denn sie führt den Menschen so zusammen, dass - z.B. für die Dauer eines Filmes - eine Art Kommunikationsgemeinschaft entsteht. Dies ist aber nicht die ursprüngliche Kommunikation, was sich daran erkennen lässt, dass eigentlich jedes Kind, sobald es einen offenen Fernseher von hinten sieht, darüber erstaunt ist, in ihm nicht das Sandmännchen vorzufinden.

Offenbar hat das ungetrübte kindliche Empfinden auch bei mediengebundener Kommunikation die Vorstellung von einer interpersonalen. Im Übrigen bleibt dies Empfinden im Erwachsenen ja gegenwärtig. Wenn man beim Fahren auf der Überholspur von hinten mit aufgeblendetem Scheinwerfer genötigt wird, so bezieht man seine Aggressionen ja auch nicht auf den Scheinwerfer, d.h. das Medium, sondern auf den, der ihn betätigt.

Oder man denke an die erschreckende Spielsucht an einem elektronischen Gerät, das nach kurzer Zeit zu einem menschlichen "Du" wird. Hier wird die Kommunikation funktionalisiert und "funktioniert" dann in der Tat besser als mit Menschen. Aber zwischenmenschliche Kommunikation "funktioniert" nicht wie eine Maschine, denn sie verhält sich nach anderen Gesetzen als denen von elektrischen Spannungen und Halbleitern. Hier beginnen schon die Störformen mediengebundener Kommunikation.

Die Kunst im weitesten Sinne (Musik, Schriftstellerei, Malerei etc.) ist ebenfalls mediengebundene Kommunikation.

Ich sah einmal einen Film über Bildhauer. Vor dem Atelier einer Künstlerin spielte fortwährend ein kleiner Junge. Er bekam auch mit, wie ihr ein großer Block Marmor geliefert wurde. Dann hörte er über Tage nur das Hämmern und Schleifen und sah schließlich die fertige Skulptur. Seine Frage an die Künstlerin war: "Woher wusstest Du, dass die Menschen in dem Stein sind?". Er hatte die mediengebundene Kommunikation als direkt interpersonal aufgefasst.

1.2.3. Die interpersonale Kommunikation

Die für unsere Überlegungen wichtige und grundsätzliche Kommunikationsgemeinschaft ist die der interpersonalen Kommunikation. Sie prägt die anderen Arten von Kommunikationsgemeinschaften. Erst durch die Betrachtung der interpersonalen Kommunikation werden Gesetze erkannt, deren Gültigkeit bei der innerpersonalen und mediengebundenen Kommunikation überprüft werden können. Hinzu kommt, dass die mediengebundene Kommunikation ja erst ein recht neues Phänomen ist. Die Menschheit ist - bleibt man der konservativen Definition von "Medien" treu - Jahrtausende ohne Medien ausgekommen.

Auf diese dritte und entscheidende Form der Kommunikationsgemeinschaft, eben der interpersonalen Kommunikation, soll deshalb das besondere Augenmerk gerichtet werden.

Bereits in den Kommunikationsvoraussetzungen (vgl.1.1.2.) wurde erwähnt, dass die soziale Situation für Kommunikation wichtig ist und dass beide einander bedingen. Dies wird nun eingehender deutlich.

Das soziale Wesen des Menschen zeigt sich in dessen natürlichem Hang Kommunikationsgemeinschaften zu bilden. Dieser natürliche Hang zur Gemeinschaft, der sich auch im Sprechen ausdrückt, zeigt sich beim Erwachsenen zum Beispiel in der Bildung von

Bünden, Logen, religiösen Gemeinschaften, ja sogar in der Interessenzusammenfassung bei Vereinen und Freundeskreisen. Diese Art von Kommunikationsgemeinschaften sind interessenorientiert. Sie sprechen alle in sich eine eigene Sprache (siehe dazu auch im ersten Teil "Binnensprachen"). Diese verhilft zum Gruppengefühl. Sie bewirkt Absonderung von anderen, die nicht zur Gruppe gehören, sie bildet Cliquen und elitäre Clubs.

Sprachtheoretisch betrachtet sind dies schon Extremformen, denn bereits in Familien und Stämmen zeigt sich die natürliche Tendenz des Menschen, sich auch sprachlich mit anderen zusammenzuschließen. Ja, bereits im Tuscheln und durch die bekannte Geheimniskrämerei zwischen zwei Menschen bildet sich eine Kommunikationsgemeinschaft von eigener Prägung, die andere ausschließt.

Nun gibt es in solchen Kommunikationsgemeinschaften bestimmte Gesetze. Gelingt nämlich die Kommunikation eines bestimmten Musters öfter, dann liegt es nahe, das Muster als Norm festzumachen. So entstehen verschiedene Kommunikationsgemeinschaften mit festen Normen. Wir unterscheiden hier drei:

1. Die Kommunikationsgemeinschaften mit Normen, welche das Zuhören der Mitglieder sichert. Wir nennen sie die "Zuhören-sichernden Kommunikationsgemeinschaften"

2. Die Kommunikationsgemeinschaften, die den Widerspruch der Mitglieder unmöglich macht.

Wir nennen sie die "Widerspruchs-intoleranten Kommunikationsgemeinschaften"`

3. Die Kommunikationsgemeinschaften, in denen feststehende Ausdrücke eine Art notwendiges Stammvokabular bilden. Wir nennen sie die "fest-codierten Kommunikationsgemeinschaften".

Zu 1:
Eine solche zeigt sich darin, dass der Zuhörende ein bestimmtes "Hörer-Verhalten" an den Tag zu legen hat. Es sind Kommunikationsgemeinschaften mit Zuhören-sichernden-Normen. Verhält sich jemand nicht so, "wie man sich als Zuhörer verhält", d.h. tut er etwas, das der Sprecher nicht mit "Zuhören" verbinden kann, dann kommt keine Kommunikation zustande, beziehungsweise derjenige, der sich nicht an die Normen hält, wird ausgestoßen.

Ich habe einmal ein Gespräch zwischen zwei Menschen erlebt, bei dem der eine deutlich in die Rolle des Hörers gedrängt wurde. Um sich dieser Situation zu entziehen schaute der Hörende, während der andere zu ihm und nicht mit ihm sprach, auf seine Armbanduhr. Das Gespräch war im Nu, leider nicht zur Zufriedenheit des Sprechenden, beendet.

Ähnlich werden oft das Blättern in den Akten, das Spielen mit Gegenständen oder das Wegschauen interpretiert.

Eine verbreitete Zuhören-sichernde Norm ist die Konvention, dass man einen Redner nicht unterbricht. Dieser nun kann eine solche Norm weidlich ausnutzen und die Anderen mit einem unendlichen - und meist langweiligen - Redeschwall zu passiven Zuhörobjekten degradieren.

Mir ist es selbst einmal so gegangen, dass ich auf jemanden einredete, der eigentlich eine knappe Antwort erwartet hatte. Seine steigende Nervosität hatte ich in meinem Redeeifer gar nicht wahrgenommen. Er war Objekt meiner Rede geworden. Nun unterbrach er mich einfach - und verstieß damit gegen die von mir erstellte Zuhören-sichernde Norm - und sagte: "Ich kann jetzt noch höflich bleiben und Sie anhören, aber ich höre nicht mehr zu!" Wir suchten dann gemeinsam den Punkt, an dem er sich "ausgeklinkt" hatte und setzten hier das Gespräch fort. Der Preis war für mich, dass ich die Norm fallenlassen musste. Aber nur so konnte das Gespräch weiterhin fruchtbar werden.

Eine Zuhören-sichernde Norm gibt es auch in der Kirche. Nur in den seltensten Situationen würde ein Gottesdienstbesucher es wagen, einen langweiligen Prediger zu unterbrechen.

Mir ist es einmal vorgekommen. Während einer Predigt stand ein angetrunkener Mann auf und rief etwas dazwischen. Dagegen ist prinzipiell nichts einzuwenden. Interessant war nur die Reaktion der Gemeinde, durch die ein Ausruf des Entsetzens ging und die keineswegs verstand, warum ich dem Angetrunkenen auch noch antwortete.

Zu 2:
Eine Kommunikationsgemeinschaft kann auch durch die Norm entstehen, dass kein Widerspruch möglich ist. Wir nennen sie die Widerspruchs-intolerante Kommunikationsgemeinschaft. Ist in einem kommunikativen Ablauf die Möglichkeit des Widerspruchs ausgeschlossen, handelt es sich nicht um Kommunikation, sondern um das Verkünden von Dogmen, das Geben von Anordnungen und Befehlen, das Monologisieren in fremder Gegenwart.[40]

Die Kommunikationsgemeinschaft lehnt bestimmte Informationen ab, weil sie dem eigenen Vorurteil widersprechen, weil der Hörer seine Ruhe haben will, weil der Hörer etwas anderes erwartet, als der Sprecher sagt.

Diese Form von Kommunikationsgemeinschaft entsteht oft, weil es Menschen gibt, die bereits Widerspruch für Kommunikationsabbruch halten. Ein zusätzliches Problem ist hierbei, dass sich die Ablehnung zwar offiziell auf das bezieht, was der Sprecher sagt, sie aber meist auf Antipathie oder emotionalen Widerständen basiert.

Das muss nicht so sein. Auch Ablehnung kann eine sinnvolle Kommunikation ergeben. Kommunikation muss immer so sein, dass auch der Widerspruch - oder die Ablehnung einer Information - eine mögliche Reaktion ist.

---

[40] Vgl. R. Lay, Die Macht der Wörter....,117.

Man kann eine solche Widerspruchs-intolerante Kommunikationsgemeinschaft oft bei sogenannten "talk"-Runden beobachten. Diese sind häufig dadurch gekennzeichnet, dass bereits eine feste Meinung - meist sogar seitens der Veranstalter - feststeht. Nun werden verschiedene Fachleute geladen und jeder hält ein "statement". Meist wird dadurch schon klar, wer der Teilnehmer diese feste Meinung nicht teilt und im weiteren Gespräch geht es darum, diesen zu überzeugen oder zu isolieren.

Zugegebenermaßen ist es schwierig, ohne Vorurteile einem Andersdenkenden zuzuhören, und es ist leichter, sich an den scheinbaren Sicherheiten bestehender Ansichten zu orientieren.

So aber verbietet man sich dazuzulernen. Viele Menschen bleiben oft bei ihren Vorurteilen, weil sie die eigene Ansicht nicht zu revidieren vermögen. Sie glauben, der "Gesichtsverlust" sei schlimmer, als bei der bestehenden Ansicht zu bleiben.

Diesbezüglich kann ich nur an einen bekannten Ausspruch Konrad Adenauers erinnern. Er hatte einmal als Bundeskanzler innerhalb weniger Wochen zwei grundsätzlich verschiedene Ansichten vertreten. Daraufhin warf ihm der SPD-Abgeordnete Herbert Wehner vor, er habe vor einigen Wochen noch etwas völlig anderes von sich gegeben, worauf Adenauer antwortete, dass ihm niemand verbieten könne dazuzulernen.

Zu 3:
Weiter gibt es Kommunikationsgemeinschaften durch die vorgeschriebene Bindung bestimmter Informationen an bestimmte Ausdrücke. Es sind die fest-codierten Kommunikationsgemeinschaften. Diese sind häufig mit einem bestimmten Standesdenken verbunden und markieren deshalb genau die Zugehörigkeit oder Nichtzugehörigkeit zu einer bestimmten Gesellschaftsschicht.

Ich habe erst spät gelernt, dass man in bestimmten Schichten niemals davon spricht, auf Toilette zu müssen (obwohl diese Formulierung für andere Gesellschaftsschichten schon gestochen klingt). Nun weiß ich: kommt man nach einer längeren Autofahrt zu einem Menschen, der einer in dieser Weise gearteten fest-codierten Kommunikationsgemeinschaft angehört und hat ein "menschliches Bedürfnis" (auch eine Codierung), so fragt man, ob man sich irgendwo die Hände waschen könne.

Es gehört bei Firmen zum Ethos, nichts Schlechtes über einen Menschen, der ausscheidet, zu reden. Da dies aber faktisch unmöglich ist, codiert man entsprechende Aussagen. Eine schlechte oder mäßige Leistung wird dann beschrieben mit: "Er hat sich viel Mühe gegeben".

In vielen Firmen sind die Charakterzeugnisse über bestimmte Mitarbeiter voll von solchen Codes. Ich halte sie für einen grauenvollen Zynismus und für das verklemmte Endprodukt einer Kommunikationsgemeinschaft, die es verlernt hat, wahrhaftig zu leben.

Ein Bekannter von mir bekam über seine Zeit in einer Behindertenwerkstatt einmal ein Zeugnis ausgestellt, in dem stand: "Er hat sich immer Mühe gegeben, mit den Angestellten gut auszukommen". Hier ist die Nachricht codiert, dass es offenbar einige Schwierigkeiten mit dem Angestellten gab. Ebensolche Codierungen sind Sätze wie: "Er ist in der Lage, sich eine eigene Meinung zu bilden und vertritt diese auch", hier wird darauf hingewiesen, dass jemand nicht einfach "hörig" ist.

Ein neuer Arbeitgeber, der einen solchen Satz im Zeugnis liest, erhält die Information, dass es möglicherweise Probleme bei der Übernahme der neuen Betriebsphilosophie gibt. Oder: "Er wendet sich Schwächeren zu und ist bereit, ihnen in jeder Lage zu helfen", d.h. er ist möglicherweise bereit, bestimmte innerbetriebliche Pannen durch persönlichen Einsatz zu vertuschen, vielleicht ist er aber auch ein Mensch, der auszugleichen vermag. Grundsätzlich beinhalten solche Charakterzeugnisse den Code, dass das, was (verschlüsselt) erwähnt wird, auch der Erwähnung bedarf.

"Auch hinsichtlich der ihm anvertrauten Gelder gab es nie Probleme", codiert eben, dass man auf die Kasse, die dem Mitarbeiter anvertraut wird, zu achten hat. Wollte man sagen, dass er wirklich treu und zuverlässig ist, so bezöge sich ein Gutachten nicht nur auf seinen Umgang mit Geld, sondern spräche einen grundsätzlichen, edlen Charakterzug an: "Herr X ist ein Mensch, dem man großes Vertrauen entgegenbringen kann. Während der Zeit in unserem Betrieb hat er sich als ein ausgesprochen zuverlässiger und diskreter Mitarbeiter erwiesen, der sich nicht das Geringste zu Schulden kommen ließ."

Die drei dargestellten Kommunikationsgemeinschaften nennt man auch "geschlossene Kommunikationsgemeinschaften". Sie basieren alle auf dem Prinzip der Gewalt oder der Herrschaft, denn sie

- zwingen zum Zuhören (Zuhören-sichernd),
- dulden keinen Widerspruch (Widerspruchs-intolerant),
- und verbieten die direkte Information (fest-codiert).

Wer sich an die entsprechenden Normen nicht hält, zerstört eine Kommunikationsgemeinschaft oder entlarvt sich selbst als nicht-zugehörig, bzw. "ex-kommuniziert" sich selber.

Damit haben wir schon den Bereich der Kommunikationsstörungen berührt.

2. Wenn Menschen darüber reden, wie sie miteinander reden

Wenn Konflikte entstanden sind, so ist die heute weitaus üblichste Art, "darüber zu reden".

Dazu aber noch ein Wort. Ich glaube nämlich, dass dieses "wir müssen mal darüber reden" auch sehr übertrieben werden kann. In einer Beziehung wie der Ehe beispielsweise, ist es meistens so, dass sich nach vielen Jahren des Kennens (und Aneinander-Wachsens) auch die Umgangsformen gefestigt, oder verfestigt haben. Man hat gemerkt, dass man mit dem Partner, wenn man über einen Konflikt spricht, nicht weiterkommt, sondern in vielen Fällen sogar ein weiterer Konflikt entsteht.

Kommunikationstheoretisch würde man sagen: man kennt die Struktur eines Konfliktes, man weiß genau wie das anschließende Gespräch ablaufen wird, und in vielen Fällen wird man deshalb das Gespräch meiden. Ich halte diese Form des Umgangs miteinander nicht für die schlechteste und frage mich oft, ob man denn tatsächlich immer über alles reden soll und kann.

Wenn sich eine solche Verhaltensweise eingebürgert hat, dann muss man allerdings darauf gefasst sein, dass irgendwann einmal der Vorwurf kommt, man rede nicht (mehr) miteinander, die Beziehung sei festgefahren, verlaufe in den immer gleichen Strukturen etc.

Das mag stimmen. Dennoch glaube ich, dass in solch einem Fall nicht die Kommunikation das Problem ist, denn dann hätte es ein Aufbegehren gegen irgendeine festgefahrene Struktur schon früher gegeben.

Meine Erfahrung ist die, dass der mangelnden Kommunikation – um es einmal in einem Bildwort zu sagen – viel in die Schuhe geschoben wird. Oft scheint es mir sogar so, dass die mangelnde – oder besser gesagt: die eingespielte – Kommunikation nur als Vorwand genommen wird, nicht zuletzt auch deshalb, weil ein solches Argument immer zieht.

Folgenden Fall wird jeder schon erlebt haben: Man hat sich über irgendjemanden schrecklich aufgeregt. Dann macht man sich darüber bei einem Dritten, meist ein Mensch des Vertrauens, Luft und dieser antwortet: "Hast Du mit ihm/ihr mal darüber gesprochen?" Ich kann in solchen Fällen gleich ein weiteres Mal in die Luft gehen, schließlich wendet man sich ja an den Mensch des Vertrauens nicht, weil man einen therapeutischen Rat braucht, sondern weil man glaubt, in jemandem so viel Verständnis zu finden, dass man erst einmal Dampf ablassen kann.

Oder jener andere Fall: Man spricht einen Menschen tatsächlich auf irgendetwas an, was zur Sprache kommen muss und statt "anständig" zu reagieren, fängt er an zu weinen oder sonstwie irrational zu reagieren. Man beginnt sich zu fragen, was man falsch gemacht hat und möglicherweise kommt man zu dem Ergebnis, dass man eben nichts falsch gemacht hat. Was nun? Mit dem "man sollte mal darüber reden" war es also nichts, im Gegenteil: die Sache ist nun noch schlimmer.

Ich glaube, jeder könnte nun unzählige Situationen nennen, in denen er ähnliches erlebt hat: es geht nicht immer, dass man miteinander redet.

Bereits in meinem Konfliktbuch habe ich darauf hingewiesen, dass man einen Menschen eher durch das ändert, was man an ihm erträgt, als durch das, was man an ihm rummeckert. Besonders schwierig werden die Situationen, in denen man miteinander reden sollte, es aber nicht kann, in der Erziehung. Und jede Mutter und jeder Vater werden schon erlebt haben, dass man mit viel Geduld und Rücksicht etwas anspricht, das Kind aber völlig überzogen reagiert.

In all diesen Fällen kann das "darüber reden" das Gegenteil vom eigentlich Gewollten erreichen.

Nun bleiben wir einmal bei einem Fall, bei dem das "Miteinander reden" sowohl notwendig ist, als auch Aussicht auf Erfolg hat.

Was geht theoretisch nun vor? Kommunikation ist ein hochkompliziertes System. Sie verbindet nicht nur die Menschen miteinander, sondern entsteht selbst aus einem letztlich unüberschaubaren Netzwerk. Auch sprachliche Kommunikation betrifft den ganzen Menschen, und gerade deshalb ist sie in ihren Abläufen und Motiven, in ihrer Vernetzung und unendlichen Vielfalt nie völlig erklärbar. Auch die vollständigsten Erklärungen und Systematisierungen bleiben an der Oberfläche des Geheimnisses Mensch.

2.1. Miteinander übereinander reden: die Metakommunikation

Wenn wir miteinander sprechen, wie wir miteinander sprechen, dann befinden wir uns in dem Bereich der Kommunikation über Kommunikation, oder kurz gesagt: der Metakommunikation.

In den seltensten Fällen wird den Menschen deutlich, in welchem Bereich von Kommunikation (auf der Kommunikationsebene oder auf der reflektierenden Metaebene) sie sich befinden. Es wird wohl kaum jemand zu einem anderen Menschen sagen: "Können wir uns heute abend mal zusammensetzen und darüber reden, wie wir miteinander reden?"

Solche Gespräche entstehen im Alltag doch oft "nebenher", wiewohl darin auch ein erhebliches Problem liegt und ich muss gestehen, dass ich persönlich nichts dagegen hätte, eine Einladung zu bekommen, die klar ausdrückt, worüber wir an diesem Abend reden wollen, denn hinsichtlich des Fernsehprogramms, oder anderer Abendgestaltungen macht man sich ja auch so seine Gedanken. Vielleicht gehen viele Eheleute, die schon lange verheiratet sind, deshalb nicht so häufig miteinander essen, weil sie sich tatsächlich nichts zu sagen haben. Schade und unnötig. Aber offensichtlich ist es eine große Herausforderung, sich mit jemanden an einen Tisch zu setzen und zu reden.

Vielleicht würden viele Konflikte im Alltag

schon allein dadurch nicht entstehen, dass man sich ständig müht, mit den anderen Menschen, mit denen man seinen Wohnraum oder seinen Arbeitsplatz teilt, im Gespräch zu bleiben.

Ich habe in meinem kleinen Freundeskreis nur einen wirklichen Freund, der mich, wenn wir uns treffen, zum Beispiel fragt, wie es meinen Eltern oder meinen Geschwistern geht. Ich freue mich über solche Fragen, denn sie bekunden ein tatsächliches Interesse. So betrachtet wird ein Problem der Metakommunikation hier schon deutlich: es besteht zwar in unserer Gesellschaft oft der Zwang, über alles und jedes zu reden, tatsächlich aber gehen die Kenntnisse über die Metakommunikation verloren.

Es scheint mir für die Vermeidung von Konflikten, oder einer Konflikteskalation, notwendig zu sein, wachsam darauf zu achten, auf welcher Kommunikationsebene man sich befindet, denn gerade im Streit wechselt oft die Ebene. Um es bildlich zu sagen: man muss darauf achten, auf welcher Etage man derzeit miteinander redet.

Die reine Gesprächsebene ist die eine Etage, eine weitere ist jene, in der wir miteinander reden, wie wir auf der ersten Etage miteinander umgegangen sind. Prinzipiell lassen sich so natürlich unendlich viele Etagen aufeinander denken. Meist jedoch spricht man bei der Metakommunikation von zwei Stockwerken (obwohl es tatsächlich oft mehr sind).

2.2. Metakommunikation als Kommunikation

Die genaue Anzahl der "Etagen" auf denen Kommunikation abläuft, lässt sich gar nicht ermitteln, denn alle Kommunikation hat ihren Ursprung in der Seele des Menschen (griechisch: psyche). Diese aber bleibt letztlich unergründlich.

Jeder Mensch ist ein Geheimnis und in jedem Menschen gibt es Räume, die meist sogar ihm selbst verschlossen bleiben. Diese Schwierigkeit lässt sich von der Kommunikation selbst her erklären: Auch wenn wir über die Art unserer Kommunikation kommunizieren, also Metakommunikation betreiben, bleiben wir in kommunikativen Strukturen.

Wir haben nur eine Sprache, d.h. die menschliche Kommunikationsforschung besitzt "nur die natürliche Sprache als Medium der Kommunikation und der Metakommunikation."[41] Andererseits sind wir gezwungen, immer wieder Metakommunikation zu betreiben und rühren gerade dann auch an Seelisches, d.h. an letzte Gründe.

In der Seele eines Menschen aber gibt es keine kausalen Zusammenhänge: die Seele ist nicht logisch. Dennoch bringen wir in der Metakommunikation viele Regungen der Seele in logische Zusammenhänge, indem wir mehrere

---

[41] P. Watzlawick, Menschliche Kommunikation... 42.

Tatbestände so verknüpfen, dass wir - aufgrund wiederholter Erfahrung - eine Regelmäßigkeit feststellen.

Bereits Karl Jaspers hat auf den "unüberbrückbaren Abgrund" hingewiesen, der zwischen dieser "Kausalität von innen" und "den echten, kausalen Zusammenhängen, der Kausalität von außen, besteht".[42]

So bleibt das Problem der Metakommunikation, dass wir, wie Jaspers beschreibt, "durch Beobachtungen, durch Experimente oder durch Sammeln vieler Fälle Regeln des Geschehens zu finden" versuchen[43], die letztlich doch nichts "erklären".

Die Darstellungen menschlicher Kommunikation sind keine Gesetze, die "erklären", was so und nicht anders ist. Sie sind Indizien, die bestenfalls einen Vorgang zu beschreiben versuchen, sie erhellen bestimmte Dimensionen von Kommunikation und können nur dadurch nützlich sein, dass sie auf diese letzten (seelischen) Gründe menschlicher Kommunikation stoßen, ohne die Seele selbst dadurch in Gesetze zu pressen. Die Einmaligkeit jedes Menschen würde ein solches Gesetz auch schnell "über den Haufen werfen".

Die Metakommunikation kann Schichten der Seele deutlich machen, aber sie kann die Ver-

---

[42] K. Jaspers, Allgemeine Psychopathologie, Berlin/Heidelberg 1946, 250.
[43] Vgl. ebd. 251.

änderung dieser Schichten nicht vornehmen. Auch von hier her ist also nochmals zu fragen, was es dann "bringen" kann, wenn man darüber spricht, wie man miteinander spricht. Im Übrigen aber ist es dann auch so, dass man schon einmal froh sein kann, auf der Etage der Metakommunikation angelangt zu sein, denn nicht selten fährt man von der normalen konfliktären Kommunikationsebene eine Etage tiefer und befindet sich hier im Stockwerk des "Subkommunikation", wo man nur noch unsinnig miteinander streitet, bzw. die Kommunikation abbricht.

2.3. Metakommunikation und Psycholinguistik

In Abgrenzung zu den allgemeinen Kommunikationsregeln (vgl. Kapitel 1), die in philosophischen Sprachtheorien darstellbar sind, gibt es die "Regeln" der Metakommunikation. Sie sind - sprachtheoretisch betrachtet - die Etage zwischen den philosophischen und den im eigentlichen Sinne psychologischen Kommunikationstheorien.

Für die Metakommunikation bedarf es eines Gesprächspartners, sie greift auf vergangene oder gegenwärtige Gesprächsverläufe mit anderen zurück und bezieht den Kommunikationspartner mit ein.

Die psychologischen Kommunikationstheorien (Psycholinguistik) beschäftigen sich direkt mit den psychischen Gründen des Einzelnen (für Sprachprobleme, Sprachfehler, Kontaktschwierigkeiten etc.). Die Psycholinguistik berücksichtigt das Verhältnis von Ich und Über-Ich, die Differenz zwischen Selbstwelt und Objektwelt, die erziehungsabhängigen Kommunikationsfaktoren, die verschiedenen Zonen von Kindheits-Ich, Erwachsenen-Ich und Eltern-Ich mit ihren jeweiligen Kommunikationsmöglichkeiten. Auch sie aber ist letztlich wieder auf die Metakommunikation angewiesen, muss sie doch ihre Ergebnisse kommunikabel machen.

Die Psycholinguistik greift bei einer gestörten Psyche ein, die Metakommunikation bei einer (gestörten) Kommunikation. Für die Metakommunikation muss schon Kommunikation zwischen Menschen vorliegen (die in ihrer Struktur dann betrachtet werden kann), während die psychologischen Sprachtheorien in erster Linie nach innen schauen. Die Metakommunikation, d.h. das Gespräch über Strukturebenen von tatsächlicher Kommunikation, ist keine psychoanalytische Methode. Sie kann aber auf diese verweisen, wenn die Metakommunikation selbst die Störungen von Kommunikation nicht beheben kann.

Eine gesunde Seele (gibt es diese wirklich?) kommt meist mit der Metakommunikation aus. Es hilft jedem Menschen, die Tiefenstrukturen von Kommunikation zu betrachten und auf diesem Wege Kommunikationsstörungen zu vermeiden. Vielleicht nähert er sich über diese den eigentlichen Regungen seiner Seele, die ihm bisher verschlossen geblieben sind.

Metakommunikation ist eigentlich nur im Blick auf Kommunikationsstörungen notwendig. Verläuft die Kommunikation einwandfrei, dann ist sie nicht nötig. Die Strukturebenen vollziehen sich selbst in normaler Form. Treten jedoch Störungen auf, dann ist es nötig, die Art, wie man miteinander Kommunikation betreibt, näher zu betrachten.

Metakommunikation betreiben zu können, setzt einen relativ reifen Charakter voraus, denn es ist nicht leicht, während einer längeren Gesprächsphase auf dieser Ebene zu bleiben. Im Großen und Ganzen klingt das Wort "Metakommunikation" gewichtiger, als die Sache eigentlich ist. Möglicherweise hat auch der Heilige Ignatius in seinem Exerzitienbüchlein das Wesentliche schon in dem bereits oben zitierten Abschnitt ausgedrückt: "Damit sowohl der, der die geistlichen Übungen gibt, wie der, der sie empfängt, einander jeweils mehr helfen und fördern, haben sie, dass jeder gute Christ mehr bereit sein muss, eine Aussage des Nächsten zu retten, als sie zu verdammen. Vermag er sie aber nicht zu retten, so forsche er nach, wie jener sie versteht, und wenn er sie übel versteht, so verbessere er ihn mit Liebe, genügt dies aber nicht, so suche er alle passenden Mittel, dass jener, sie richtig verstehend, sich rette" (op. cit.)

Auch hier geht es um "Metakommunikation", denn aus der Metaebene fragt man zurück, man verlässt also für einen kurzen Augenblick die tatsächliche Kommunikationsebene.

Vielleicht wird an diesem geistreichen Text eines großen Mannes, der durch seinen Einfluss hinreichend nachgewiesen hat, wie stark er in der Lage war, auf Menschen einzugehen, nicht nur deutlich, was Metakommunikation eigentlich besagt und wie sehr wir sie täglich einsetzen, sondern vor allen Dingen auch, wie nützlich sie sein kann, um Konflikte zu vermeiden.

Es gilt als Grundsatz der Kommunikationstheorie, dass man keinem Menschen ein Kommunikationsangebot machen darf, das er nicht versteht. Gerade hier aber gibt es viele Mißtverständnisse, wenn man auf die Ebene der Metakommunikation wechselt.

Am Ende dieses Abschnittes möchte ich dazu noch eine (wie immer nahezu winzige) Begebenheit erzählen: ich wurde einmal von einer katholischen Ordensschwester sehr direkt auf irgendetwas angesprochen. Augenblicklich war ich der Ansicht, dass dieses die Schwester nichts angehe und habe ziemlich barsch geantwortet, dass ich mir solch eine Frage ja wohl nicht stellen lassen müsse. Augenblicklich fing die Schwester an zu weinen. Ich war perplex.

Einen Tag später hatte ich die Gelegenheit, mit ihr auf die Situation nochmals zu sprechen zu kommen. Vorsichtig fragte ich an, ob es ihr recht sei, wenn wir über die gestrige Gegebenheit kurz miteinander sprächen. Sie bejahte. Folglich ging ich davon aus, dass man nun klären könne, weshalb sie derartig emotional reagiert habe. Statt dessen kam der Vorwurf an mich, wie heftig ich reagiert hätte.

Unsere Metakommunikation war kläglich gescheitert. Und schließlich war ich auch noch dumm genug zu sagen: "Sie hatten mir gestern eine Frage gestellt und grundsätzlich bin ich der Ansicht, dass jeder Mensch jede Frage stellen darf: nur muss er dann auch mit der Antwort leben, von dieser aber kann ich der Sache nach nichts zurücknehmen.« Nun war es natürlich aus mit der Metaebene und sie wurde zur Basis neuer Auseinandersetzungen.

Das wird jeder schon erlebt haben: man kann so vorsichtig sein, wie nur irgend möglich, wenn bestimmte Entscheidungen gefallen sind, dann kann eine Kommunikation offenbar nicht mehr positiv verlaufen. Mir ist das selbst ein Rätsel und ich kann mit diesem Rätsel nur leben in dem Wissen um jene tiefen Abgründe einer Seele, die diese oft selbst nicht kennt.

Vielleicht sind mir in den vergangenen zwanzig Jahren ein paar Grundgesetze diesbezüglich aufgefallen und ich stelle diese gerne zur Diskussion. Die folgenden Überlegungen beziehen sich auf derartige Erfahrungen.

3. Wenn Menschen nicht miteinander reden können.

In den vorangegangenen beiden Kapiteln wurde schon hin und wieder von verschiedenen Kommunikationsstörungen gesprochen. Diese haben viele objektive und subjektive, d.h. psychische, Ursachen. Gemäß der vorangegangenen Unterscheidung gibt es Störungen im Allgemeinen und Störungen im Speziellen, d.h. es gibt strukturell vorliegende Kommunikationsstörungen und solche, die aus den betrachteten Tiefenschichten kommen.

3.1. Die allgemeinen Kommunikationsstörungen

Diese haben, unabhängig von den aus den Tiefenschichten rührenden Ursachen, immer denselben Charakter, an dem man sie erkennen und anhand dessen man auch beurteilen kann, ob in einem konkreten Fall nun eine Kommunikationsstörung vorliegt oder nicht.

Als Definition für allgemeine Kommunikationsstörungen ist deshalb zunächst festzuhalten:

Man spricht von Kommunikationsstörung, wenn die Kommunikation

- verweigert wird,
- abgebrochen wird,
- missbraucht wird,
- die Sprechenden nicht zusammenführt.

3.1.1. Die Kommunikationsverweigerung

Die Kommunikation wird verweigert, indem der Gesprächspartner offen formuliert oder verdeckt zu erkennen gibt: "Mit Dir rede ich nicht!" Man kann versuchen die Kommunikationsverweigerung aufzuheben. Ob es gelingt, hängt größtenteils vom Grund für diese Verweigerung ab. Im Großen und Ganzen ist eine klare Verweigerung besser als der Kommunikationsabbruch. Die Verweigerung ist eine Art prinzipieller Verschlossenheit, wohingegen der Abbruch oft wie eine Bestrafung wirkt.

Der Kommunikationsabbruch wirkt willkürlicher und trifft den Gesprächspartner persönlich, muss er sich doch fragen, warum der andere gerade in diesem oder jenem Moment die Kommunikation abgebrochen hat. Bei der Verweigerung kann man sich leichter heraushalten und sagen, dass die Angelegenheit Sache des Verweigerers ist, hingegen ist beim Abbruch ja bereits ein Gespräch vorausgegangen, so dass die einfache Lösung: "Ich habe das Gespräch nicht abgebrochen, also ist es auch nicht meine Sache" nicht möglich ist, kann doch immerhin ein vorausgegangener Gesprächsteil Ursache für den folgenden Abbruch gewesen sein.

3.1.2. Der Gesprächsabbruch

Es gibt auch die Form des offenen Gesprächabbruches. Diese liegt vor, wenn der Gesprächspartner begründet, warum er jetzt nicht weiter sprechen möchte ("Das gehört meines Erachtens nicht hierher", "Das ist meine persönliche Angelegenheit und geht Sie nichts an" etc.). Dazu hat jeder ein Recht.

Es braucht sich auch hier niemand zwingen zu lassen, in einer Art Metakommunikation mit dem Gesprächspartner zu bereden, warum er die Kommunikation abgebrochen hat. Es gehört zu den ursprünglichen Menschenrechten, dass jemand eine eigene Sicht der Dinge hat, auch wenn andere diese nicht verstehen. Der offene Gesprächsabbruch zählt selten zu den Kommunikationsstörungen, denn dass jemand bestimmen kann, wann ihm ein Gespräch zu weit geht, gehört zu den Möglichkeiten des Gespräches.

Normalerweise birgt der offene und ehrliche Kommunikationsabbruch auch keine Konflikte in sich. Er wird nur schwierig, wenn er sich in einem konfliktären Umfeld abspielt. Es gehört meines Erachtens zur Reife einer Persönlichkeit, dass sie ein Gespür dafür entwickelt, wann gewissermaßen die Schamgrenze überschritten ist und er ein Recht darauf hat, das Gespräch abzubrechen.

Ich habe in meinem Freundeskreis einen erklärten Atheisten, aber wir kommen sehr gut miteinander aus, weil uns bestimmte geistige Interessen verbinden und wir eben über jene Bereiche, in denen wir uns uneinig sind, nicht unterhalten. Wenn dann doch einmal die Sprache darauf kommt, so reicht bereits der Hinweis, dass wir diesbezüglich unterschiedlicher Ansicht sind und um unserer ansonsten oft erfreulichen und gewinnbringenden Begegnungen willen, diese Unterschiedlichkeit ertragen müssen.

Ich denke, dass es in engeren Beziehungen wie einer Ehe durchaus auch möglich sein kann, dass man sehr unterschiedliche Ansichten vertritt, diese aber nicht ständig einander "aufs Brot schmiert."

3.1.3. Der Kommunikationsmissbrauch

Der Kommunikationsmissbrauch hingegen zählt zu den gefährlichsten allgemeinen Störungen, die man sich denken kann, zumal der Mißbrauch von den am Gespräch beteiligten Menschen oft nicht - oder zu spät - erkannt wird. Es geht bei ihm darum, dass unter dem Anschein der Kommunikation nicht-kommunikable Ziele angestrebt werden, wie zum Beispiel einen Menschen gefügig bzw. für Dritte zu Informationsträgern zu machen, jemandem die Möglichkeit objektiver Meinungsbildung oder den Austritt aus einem System zu erschweren etc.

Kommunikationsmissbrauch wird durch die Verweigerung, Verschleierung oder Verfälschung von Informationen betrieben, durch Emotionalisierung, Mystifizierung oder Dämonisierung von Innen- und Außenwelten. Einige Beispiele mögen dies verdeutlichen.

Sehr häufig gibt es den Missbrauch durch Emotionen. Ich kenne eine Frau, die mit Tränenausbrüchen oder tagelangen Depressionen reagiert, wenn sie in der Durchsetzung ihrer Interessen auf Widerstand stößt. In einem Gespräch, das nicht den von ihr erhofften Verlauf nimmt, verlässt sie die inhaltliche Argumentationsebene indem sie nicht angreift - das wäre ja möglicherweise noch sachlich -, sondern provokant ihre eigenen Gefühle zeigt, bzw. bestimmte Gefühle wie Mitleid und Anteilnahme in den anderen erzeugt. Dies ist ein eindeutiger Kommunikationsmissbrauch, denn der andere bleibt entweder unbeeindruckt, was ihm den (emotionalen) Vorwurf der Herzlosigkeit einbringt, oder er gibt ihren Emotionen nach, und folgt somit nicht seinen Einsichten, sondern beugt sich ihrem Erwartungsdruck.

Ein ähnlicher Missbrauch wird mit dem anscheinend sachlichen Argument getrieben: "Das, was Sie da entschieden haben, tut mir weh!" Eine sinnvolle Antwort - aber wer hat den Mut dazu? - wäre wohl die, dass man ja nicht über Schmerzen debattiert, sondern über Entscheidungen. Für Schmerzen aber sei der Arzt zuständig.

In diesem Zusammenhang möchte ich nochmals auf die Ausführungen zu "Emotionssprache" im ersten Teil hinweisen, denn die emotionale Sprache wird oft auch aus Unkenntnis angewandt und verändert eine Gesprächssituation grundlegend.

In stark ethisch und religiös geprägten Gruppen ist die Dämonisierung von Ansichten, Gefühlen etc. ein häufig verwendetes Mittel, jemanden gefügig zu machen. Das kann soweit gehen, dass die Meinung eines Menschen, sofern sie der der Gruppe widerspricht, für "böse" erklärt wird.

Der Mensch prägt sich folglich ein, dass es "gut" ist, keine eigene Meinung zu haben. "Gut" und "böse" sind stark emotional besetzte Wörter. Die entsprechenden Emotionen, die ein Mensch mit diesen Begriffen verbindet, werden dazu missbraucht, ihn zu einem systemimmanenten Funktionselement zu machen.

Ich habe einen Mann kennengelernt, der von Kindheit an zu einer bestimmen harmlosen religiösen Sekte gehörte. Aus vielen Gründen hat er dieser den Rücken zugekehrt. Eines Tages kam er zu mir zum Gespräch mit folgendem Anliegen: als er dem Leiter der Gemeinde erklärte, er wolle austreten, wurde er in ruhigem, sehr höflichem Betroffenheitston darüber in Kenntnis gesetzt, dass er von bösen Geistern besessen sei, denn anders könne er, der Leiter, sich diesen Gesinnungswandel nicht vorstellen. Der junge Mann wollte sich nun bei mir, einem "Fachmann" für Spiritualität, den Trost holen, dass das mit den Dämonen doch wohl nicht stimme.

Eine sehr häufig verwandte Methode des Kommunikationsmissbrauchs ist die unsachgemäße Information, bzw. – was noch schlimmer und noch häufiger der Fall ist – die sachgemäße Information in unsachgemäßem Zusammenhang.

Vor noch nicht langer Zeit, wurde ich buchstäblich zwischen Tür und Angel, so ganz nebenbei zu einer kleinen Grillparty eingeladen und der Einladende nannte den Ort, das Datum, die Uhrzeit und den Anlass. Es ging um die Einweihung einer Wegstrecke, die in einem Dorf von Freiwilligen gebahnt wurde.

Dieses "zwischen Tür und Angel" führte dazu,

dass ich den Termin als nicht besonders wichtig einordnete und das Ganze eher für eine höfliche Information hielt.

Wochen später fand diese Einweihung statt und zufällig telefonierte ich am selben Tage in einer anderen Sache mit dem Bürgermeister. Dieser erinnerte mich an den abendlichen Termin der Wegstreckeneinweihung und erst durch dieses Telefonat fiel mir auf, wie wichtig der Termin und mein Erscheinen ist. Ich ging hin und war nicht schlecht über den Einladenden verärgert, als ich sah, in welcher Dimension alles geplant und organisiert war: Bürgermeister, Presse, irgendwelche Ämter, Vereinsvorsitzende etc. waren versammelt und mir schwindelte bei der Vorstellung, ich hätte aufgrund der falschen Einordnung dieses Treffens daran nicht teilgenommen.

Dieser Kommunikationsmissbrauch ist insofern sehr problematisch, als man jemanden kaum darauf ansprechen kann. Die Antwort würde wahrscheinlich lauten: "Ich habe doch gesagt, worum es ging." Der Missbrauch besteht in diesem Fall nämlich nicht in dem was man sagt, oder was man nicht sagt, sondern er liegt im nicht-sprachlichen Bereich (in dem geschilderten Fall die Situation "zwischen Tür und Angel").

Es gibt Menschen, die dafür ein sehr feines Gespür haben und in dieser Art von Kommunikationsmissbrauch ihre Interessen durchsetzen: das Kind, das im unpassenden Moment fragt, ob es das Auto des Vaters haben könne, der Angestellte, der im unpassenden Moment nach einer Urlaubsgenehmigung fragt oder um eine Gehaltserhöhung bittet usw. Immer ist es dieser unpassende Moment, der in eklatanter Weise zur Zielerreichung missbraucht wird. In all diesen Fällen handelt es sich um einen bewussten Kommunikationsmissbrauch.

Es gibt auch den unbewussten Kommunikationsmissbrauch, der genauso zu den Störungen zählt. Es ist dies das Aushorchen eines Menschen unter dem Deckmantel der Teilnahme, das Erniedrigen unter dem Anschein der Hilfeleistung.

Ein solcher unbewusster Kommunikationsmissbrauch ist etwa folgender: jemand trifft einen alten Bekannten und spricht ihn an: "Wie freue ich mich, Sie wieder einmal zu sehen, schon lange haben wir uns nicht mehr unterhalten... Ich muss Ihnen etwas Wichtiges (Interessantes, Seltsames etc.) erzählen..."; im folgenden Gespräch aber werden auf den armen Bekannten nur Aggressionen und aufgestaute Emotionen über Dritte abgeladen. Der Zuhörer wird in solchen Fällen durch den Anschein des persönlichen Interesses missbraucht und hat die Funktion eines mentalen Mülleimers.

Häufig findet sich auch die Form, dass jemand mit einem anderen "unbedingt über etwas reden muss", statt dessen dann aber den anderen nur vollschwätzt, d.h. eigentlich nicht wirklich mit ihm redet, sondern ihn als

Zuhörer missbraucht. Dies ist auch insofern missbräuchlich, als viele Menschen dazu neigen, das Schweigen eines Zuhörers als Zustimmung zu interpretieren. Eine gute Möglichkeit sich dagegen zu wehren ist der Zusatz: "fassen Sie mein Schweigen bitte nicht als Zustimmung auf!", wiewohl auch dieser häufig nicht gehört bzw. ernst genommen wird.

3.1.4. Die Kommunikationsdifferenz

Eine andere Form von Kommunikationsstörung liegt vor, wenn das Gespräch die Sprechenden nicht zusammenführt, d.h. wenn sinnvolle kommunikative Anschlusshandlungen nicht möglich sind. Dies ist vor allen Dingen dann der Fall, wenn die an einem Gespräch beteiligten Menschen - statt der möglichen Erkenntnisvermehrung oder Meinungsänderung - nur noch die Verteidigung ihrer Position im Blick haben. Rechthaberei beendet jede sinnvolle Kommunikation!

Von Differenz ist hier die Rede, weil alle an einem Gespräch beteiligten Personen etwas anderes von dem Gespräch erwarten. Derartige unterschiedliche Erwartungen führen zu tatsächlichen Differenzen (Auseinandersetzungen) im Gespräch, das dann nicht im Sinne echter Anschlusshandlungen verläuft.

Die Kommunikationsstörungen, die durch derartige (Erwartungs-)Differenzen gekennzeichnet sind, lassen sich meist nicht einfach beheben, denn sie sind emotional "geladen" und basieren auf Vorausgegangenes, das in seiner Gesamtheit nicht erkennbar ist. Ich glaube, dass diese Störung die schwierigste ist und einer der häufigst vorliegenden Strukturen, wenn Menschen nicht mehr miteinander reden können.

Es ist deshalb verständlich, dass sie meist in engen Beziehungen vorkommt, die emotional sehr "dicht" sind. Die "Kommunikationsdifferenz" basiert auf einer langen (Erfahrungs-) Geschichte der Redenden und hat sich nicht selten bereits in Urteilen und Vorurteilen verfestigt.

An dieser Stelle wird nun auch deutlich, weshalb die Kommunikation meist nur offenbart, dass eine Beziehungsstörung vorliegt, tatsächlich aber nur die Verbesserung der Kommunikation nichts zur Verbesserung dieser Störung beitragen kann. Die Gründe liegen weit tiefer und nur die wahrnehmbare Spitze dieses Eisberges sind die Differenzen in der Kommunikation.

Wenden wir uns nun – um in diesem Bild des Eisberges zu bleiben – dem zu, was unter Wasser liegt, d.h. in den Tiefen der Psyche.

Einige Gründe für allgemeine Kommunikationsstörungen zwischen Menschen sind ihre unterschiedlichen

- Werteinstellungen
- Bedürfnisse
- Interessen
- Eigenarten.

Diese wiederum basieren auf einer jeweils anderen Umgangsweise mit menschlichen Qualitäten oder Grundhaltungen wie:

- Realitätsferne oder Realitätsnähe
- Intoleranz oder Toleranz
- Inkompetenz oder Kompetenz.

Im Zusammenhang mit psychischen Faktoren von Kommunikationsstörungen scheint mir das Problem der Emotionen ganz besonders erwähnenswert.[44]

Es gibt hier

- narzistische Emotionen (Eitelkeit, Stolz, Selbstgefallen, Selbstsucht)
- erotische Emotionen (Liebe, Zärtlichkeit, Vertrauen, Zuneigung, Freundschaft)
- soziale Emotionen (Geborgenheit, Zusammenhalt, Freude, Gemeinschaftlichkeit)
- aggressive Emotionen. (Wut, Haß, Ärger, Zorn, Niedergeschlagenheit, Schadenfreude).

Mit diesen Gedanken ist schon der Bereich der speziellen Kommunikation, d.h. der der jeder Kommunikation zugrunde liegenden Tiefenschichten berührt.

---

[44] Ich schließe mich hier der Theorie von E.C. Tolmann an, die bereits 1949 von G.W. Allport dargestellt wurde, sich in dessen Buch "Die Natur des Vorurteils" (Köln 1971) wiederholt und von R. Lay in seine Bücher, besonders auch in: "Die Macht der Wörter", aufgenommen ist.

3.2. Spezielle Kommunikationsstörungen

Die allgemeinen Kommunikationsstörungen sind sozusagen die äußeren Störungen, d.h. jene Störungen, die man durch den Verlauf einer konkreten Kommunikation in irgendeiner Weise wahrnimmt. Wir nennen diese jene sichtbare Spitze des Eisberges. Die speziellen Kommunikationsstörungen beziehen sich nun auf das "Unsichtbare" und wie das Bild vom Eisberg schon sagt, sind diese weitaus "massiger".

3.2.1. Störungen im Inhalts- und Beziehungsaspekt

Folgender Fall liegt vor: In einer Firma vertritt ein Kollege einen kranken Mitarbeiter in dessen Bereich. In manchen Fragen telefonieren sie miteinander, und der Kranke kann so seinen Vertreter mit der Arbeit vertraut machen. Nun gehört es in den Bereich des Kranken, dass er Papier zu bestellen hat. Als das Fotokopierpapier zu Ende geht, ordert der Vertreter dieses in größerer Menge, ohne mit seinem kranken Kollegen darüber zu sprechen. Noch bevor es geliefert wird, ist der vertretene Angestellte genesen und wieder in seinem Arbeitsbereich tätig. Angesichts der Lieferung bekommen die beiden Kollegen Streit miteinander. In einem Gespräch über diesen ergibt sich, dass sich beide über die Richtigkeit der Bestellung und der Menge einig sind und dass auch der Kollege nicht anders gehandelt hätte.

Die beiden sind überrascht, feststellen zu müssen, dass sie sowohl dieselbe Meinung als auch die grundlegende Meinungsverschiedenheit über ein und denselben Sachverhalt haben.

Was ist dazu zu sagen?

Nun, in Wirklichkeit handelt es sich um zwei ganz verschiedene Sachverhalte. Der eine betrifft die Bestellung und darüber können sie miteinander sprechen, der andere dagegen einen ganz spezifischen Aspekt ihrer Beziehung - nämlich die Frage, ob der Vertreter klug ist, wenn er das Papier ohne den Kollegen zu fragen bestellt.

Über den Beziehungsaspekt können sich beide nicht einigen, weil das die Fähigkeit voraussetzt, über ihre Beziehung (metakommunikativ) zu sprechen. In ihrem Versuch, den Konflikt beizulegen, begehen die beiden einen typischen Fehler:

Während ihre Unstimmigkeit auf der Ebene des Beziehungsaspektes liegt, versuchen sie die Lösung auf der Inhaltsebene zu erreichen. Auf dieser aber herrscht keine Unstimmigkeit. Dieser Fehler führt in einen unlösbaren Konflikt, solange sie nicht über ihre Beziehung sprechen.

Es wurde schon darauf hingewiesen, dass der Idealfall von Kommunikation, die auf der Inhalts- und Beziehungsstufe abläuft, dann gegeben ist, wenn sich die Partner sowohl über den Inhalt ihrer Kommunikation, als auch über ihre Beziehung einig sind. Im schlechtesten Fall nun liegt der umgekehrte Sachverhalt vor: Die Partner sind sich sowohl auf der Inhalts-, als auch auf der Beziehungsstufe uneinig.

Zwischen diesen beiden Extremen liegen die Zwischenstufen. Daraus ergibt sich Folgendes:

Eine Kommunikationsstörung, d.h. Uneinigkeit im Inhalts- und Beziehungsaspekt liegt vor, wenn hinsichtlich eines der Aspekte oder beider keine Einigung herrscht, d.h.

1. Wenn die Partner auf der Inhalts- und Beziehungsstufe uneins sind,

2. Wenn sie auf der Inhaltsstufe uneins sind, doch dies die Beziehung nicht beeinträchtigt,

3. Wenn sie sich auf der Inhaltsstufe einig, hinsichtlich ihrer Beziehung jedoch uneinig sind.

Kommunikationstheoretisch entstehen die meisten Störungen durch die Mischformen.

Die reifste Form einer menschlichen Beziehung ist die, dass man sich auf der Beziehungsebene einig ist, auf der Inhaltsebene aber uneinig. Jedoch ist diese Form auch sehr selten.

Häufig findet man nämlich die vorliegende (aber unausgesprochene) Ansicht: "Wenn Du nicht meiner Meinung bist, dann liebst Du mich nicht!" oder im Umkehrschluss (der natürlich genauso falsch ist): "Unsere Beziehung kann nur dann in Ordnung sein, wenn wir auch derselben Ansicht sind."

Gestört ist die Kommunikation deshalb, weil in diesem Fall ein Partner zwanghaft die Einheit in der Beziehung auch auf die der Ansichten überträgt. Die Inhaltsstufe degradiert dann zu einem Messinstrument für die Beziehung.

Entsprechend werden Differenzen bestraft: ist ein Partner anderer Meinung, so wirkt sich das auf die Beziehung aus und der andere wird mit Liebesentzug bestraft. In Folge dieser Misshandlung wird die weitere Kommunikation gestört sein.

Auch der umgekehrte Mischfall - wie er oben am Beispiel der Papierbestellung veranschaulicht wurde - ist prekär: Die Partner sind sich auf der Inhaltsstufe einig, hinsichtlich ihrer Beziehung aber uneinig.

Häufig dient die Einigkeit auf der Inhaltsebene dazu, eine an sich brüchige Beziehung zu erhalten. Solange sich die Beteiligten bezüglich des Inhaltes gemeinsam engagieren, wird die wahre Beziehungsebene nicht offenbar. Bekanntlich zerbrechen viele Ehen gerade dann, wenn äußere Schwierigkeiten, hinsichtlich derer Überwindung man sich einig war, ausgeräumt sind.

Watzlawick hat darauf hingewiesen, dass sich diese Kommunikationsstörung häufig in der sogenannten "Sündenbockrolle", in die ein Kind seitens der Eltern gedrückt wird, findet. Die Probleme mit dem Kind (Versagen in der Schule, Kriminalität, Rauschgift usw.) sind das Objekt, an dem sich die inhaltliche Gemeinsamkeit der Eltern verwirklicht und scheinbar der Beziehung Festigkeit verleiht.

Durch die notwendigen gemeinsamen Entscheidungen und dauernden gemeinsamen Eingriffen scheint die Beziehung der Eltern in Ordnung zu sein. "Fast mit mathematischer Sicherheit lässt sich voraussagen, dass auf eine Besserung des Patienten eine Ehekrise der Eltern folgt, die den Patienten dann sehr oft wieder in seine Pathologie zurückfallen lässt"[45].

Viele kranke Beziehungen werden durch inhaltliche Gemeinsamkeiten aufrecht erhalten: "Seit ich mit meinem Mann zusammen Golf spiele, verstehen wir uns viel besser" oder umgekehrt: "Wir haben uns am Wochenende viel gestritten, weil unser Fernseher kaputt war." Fällt nämlich das Feld zur Verwirklichung gemeinsamer Interessen weg, dann werden viele Menschen auf die Beziehungsebene, die durch die gemeinsamen Aktivitäten verdeckt war, gestoßen. Auf der Beziehungsebene aber haben Unstimmigkeiten eine weitaus größere Bedeutung als auf der Inhaltsebene.

Diese zu heilen heißt für jeden, sich seiner selbst und seines Bildes vom anderen bewusst zu werden, d.h.: die Beziehungsfaktoren müssen bewusst sein. Man muss seine und des Anderen Grenzen, Ängste, Blockierungen, Vorurteile usw. kennen und dann gemeinsam die Beziehung neu bestimmen.

Das ist eine bleibende Aufgabe für jeden, der eine gute Beziehung zu anderen Menschen erfüllend leben will. Was dies so schwer macht, ist die Tatsache, dass Beziehungen keine realen Objekte, d.h. keine konkreten Größen sind, die außerhalb des Menschen liegen. In Beziehungen sind wir selbst enthalten.

---

[45] Vgl. Watzlawick, Menschliche Kommunikation... 81.

Wir sind in ihnen Teil eines größeren Ganzen, das wir als solches nicht völlig zu fassen vermögen, ebensowenig, wie ein Mensch seinen ganzen Körper direkt betrachten kann, weil er seine eigenen Augen nicht sieht. Gerade deshalb gibt es immer wieder Blindheiten, die man nur im Gespräch über die Beziehung, also in der Rückfrage: "Wie siehst Du mich?", erkennt.

Beziehungen können nur in einem ständigen offenen Dialog erkannt und neu bestimmt werden.

3.2.2. Störungen im Aktions- und Reaktionsaspekt

Der Aspekt von Aktion und Reaktion in jeder Kommunikation bezieht sich auf die sogenannten sinnvollen Anschlusshandlungen. Laufen diese nicht ab, so liegt eine bestimmte Störung vor: jeder Partner nimmt (unhinterfragt) an, dass der andere eine bestimmte Situation genauso sieht und wundert sich dann, dass man aneinander vorbeiredet.

Typisch ist das vor allen Dingen für emotional besetzte Kommunikationsformen, die sich hauptsächlich in der Metakommunikation abspielen. Nehmen wir ein Beispiel: zwei Menschen unterhalten sich darüber, wie sie miteinander umgehen. Dabei befindet sich der eine tatsächlich auf der Metaebene, der andere hingegen auf der reinen Kommunikationsebene. Nun wird das Gespräch "persönlich". Seiner Art entsprechend zieht sich einer der beiden Partner innerlich zurück, er macht "dicht". Der andere aber bleibt auf der Metaebene und sagt: "Merkst Du, dass Du Dich schon wieder zurückziehst?". Genau diese Frage aber führt dazu, dass der, der sich zurückzieht sagt: "Merkst Du, dass Du schon wieder an mir herummeckerst?"

Die beiden sitzen fest: der, der sich zurückzieht tut dies, weil der andere meckert und er glaubt – dies ist sehr wesentlich! –, der andere wisse, dass dies der Grund des Rückzuges ist. Und ebenso umgekehrt: Der, der meckert meint kritisieren zu müssen, weil der andere sich zurückzieht und er glaubt, der andere ziehe sich nicht in Reaktion auf das Meckern zurück, sondern aus einem anderen Grunde.

Jeder setzt beim jeweils anderen die Kenntnis der Information voraus, nach der er handelt. Ein Gespräch darüber wird zunächst in gegenseitigen Vorwürfen bestehen, denn tatsächlich haben beide Partner unterschiedliche Informationen: der, der meckert, sieht sein Meckern als Reaktion auf den Rückzug des anderen und nicht in einem losgelösten anderweitigen Grund und umgekehrt.

Störungen in kommunikativen Aktions-Reaktions-Ketten beruhen auf der irrigen Ansicht, bei allen Beteiligten läge dieselbe Information vor. In Betrieben ist dies der Fall, wenn eine auf den Weg geschickte Information ihr Ziel nicht erreicht, sondern fehlgeleitet wird. Der eine Angestellte muss aber annehmen, dass seine Informationen den anderen erreicht hat, der andere hingegen weiß davon nichts. Nehmen wir an, es handelt sich um eine die Hausordnung betreffende Angelegenheit:

Der Abteilungsleiter bittet die Angestellten, leergetrunkene Flaschen wieder an den Automaten zurückzubringen. Diese aber erhalten die Anweisung nicht und lassen ihre Flaschen weiterhin von der Putzkolonne entfernen. Der Vorgesetzte sieht darin einen Komplott, und hat nicht den Mut gegen alle Angestellten etwas zu unternehmen. Er ist "sauer" und zieht sich zurück. Dies wiederum führt bei den Angestellten dazu, dass auch sie dem Vorgesetzten die Herzlichkeit verweigern.

Es liegt dann eine gestörte Aktions-Reaktions-Kette vor, denn der Informationsstand auf beiden Seiten ist ungleich: der Vorgesetzte unterstellt seinen Angestellten eine Verweigerung (denn er hat ja die Information losgeschickt), also eine Reaktion. Die Angestellten unterstellen ihm eine "Schrulligkeit", die nicht im Zusammenhang mit ihrem Verhalten steht, also eine Aktion. Beide Seiten also nehmen unterschiedliche Ursachen und Wirkungen an.

Gestörte Aktions-Reaktions-Ketten sind geschlossene Ketten. Es handelt sich um den berüchtigten "Teufelskreis". Von außen gesehen ist weder der eine noch der andere Standpunkt richtig, denn kein Verhalten ist Ursache des anderen, obwohl jeder seinen Standpunkt als Reaktion auf den des Anderen betrachtet. Lediglich die in diesem Kreis Gefangenen betrachten ihn weiterhin als Kette.

Durch ein Gespräch müssten die Beteiligten zu der Einsicht gelangen, dass sie sich mit ihrem Vorgesetzten im Kreise drehen. Auch dazu ist die sogenannte Metakommunikation notwendig. Man muss den Kreis durchbrechen, herausspringen und die ganze Sache von außen betrachten, um ihn nicht zu einer eskalierenden Spirale werden zu lassen.

Bei dem genannten Beispiel des Flaschen-

Einsammelns ist das noch verständlich. Schwierig hingegen werden diese "Teufelskreise" in Beziehungen, die emotional "dicht" sind. Dann nämlich kommt die Erfahrung, die man miteinander gemacht hat, hinzu. Möglicherweise hat man sich bereits öfter in solchen Ketten von "Aktion" und "Reaktion" befunden, man hat "gelernt", dass man damit nicht weiterkommt und bearbeitet diese Problematik nicht.

Das ist insofern tragisch, als es sich hier um eine Kommunikationsstörung handelt, die relativ leicht zu beheben ist, wenn man die Kenntnis der Theorie hat. Entscheidend bei den Teufelskreisen ist nämlich, dass jeder dem anderen unterstellt, er sehe die Sache genauso, faktisch aber jeder eine andere Sicht der Dinge hat. Man müsste also kurz in die emotionslose Metaebene wechseln und sich zunächst einmal über die (unterschiedlichen) Voraussetzungen klar werden. Unter Umständen muss man auch das (Vor-)Urteil abwenden, der anderen würde sich ohnehin nicht ändern.

Ich bin immer wieder erstaunt, wie wenig einander Partner zutrauen, sich zu ändern. Manchmal habe ich den Eindruck, sie verharren lieber in aussichtslosen Kommunikationsstörungen, als dass sie sich gegenseitig zugestehen den Mut zu haben, dass sie sich gerne ändern möchten, oder auch nur den Mut hätten, einmal diese Änderungen zu probieren. Faktisch aber kann sich ein Mensch jederzeit ändern. Ich kenne alte Menschen, die eine wundervolle innere Dynamik haben, die fähig sind, sich zu ändern, die stets neu aufzubrechen gewillt – und deshalb auch meist in der Lage – sind; andererseits aber kenne ich auch einige junge Menschen, denen man eher noch zutrauen würde sich ändern zu wollen, die diese Veränderungen aber keineswegs als großes Ziel vor Augen haben.

Aus pastoraler Erfahrung glaube ich sagen zu können, dass viele Beziehungen deshalb so mittelmäßig (und darum auch immer leidvoll!) sind, weil man sich gegenseitig und selbst nicht zutraut, dass Änderungen ein wesentlicher Faktor sind, eine Beziehung lebendig zu halten.

3.2.3. Störungen im Aspekt digitaler und analoger Kommunikation

Wenn zwei Menschen ihre Beziehung nur sprachlich, digital, ausdrücken wollen (oder dürfen), dann müssen sie die sonst möglichen Analogien (Umarmen, Küssen etc.) ebenfalls übersetzen. Dabei müssen sie verstehbare Digitalisierungen vornehmen. Das Problem ist also ein doppeltes: zunächst muss jeder für sich eine gültige Übersetzung finden, dann aber muss diese auch für den Anderen verstehbar sein.

Nun neigt der Mensch in einem solchen Falle immer zu derjenigen Digitalisierung, die im Einklang mit seiner individuellen Sicht der Beziehung steht, die aber durchaus nicht der des Partners zu entsprechen braucht.

Ein Geschenk ist eine analoge Mitteilung. Ob der Beschenkte jedoch in diesem Geschenk einen Ausdruck der Zuneigung, eine Bestechung oder eine Wiedergutmachung sieht, das hängt von der Auffassung ab, die er von seiner Beziehung zum Geber hat.

Er muss die analoge Kommunikation (das Geschenk) in eine digitale übersetzen (wie er es versteht) und ist dabei unweigerlich auf sich selbst und seine Verstehensmöglichkeiten zurückgeworfen.

Jede analoge Kommunikation ist ein Beziehungsappell. Analog kann nur etwas angeboten werden (Liebe, Hass, Kampf usw.), aber es ist Sache des anderen, diesem Vorschlag eine emotional positive oder negative Gültigkeit zu verleihen.

Die Digitalisierung eines analogen die Beziehung betreffenden Appells führt dann zu Kommunikationsstörungen, wenn der Appell anders verstanden wird, als er gemeint ist.

Die digitale Kommunikation kann mit logischen Wahrheitsbegriffen operieren ("wenn ... dann", "sowohl... als auch", "nicht"), hingegen fehlen diese Möglichkeiten in der analogen Kommunikation. Dieses Fehlen macht sich vor allem im Fall der Negation bemerkbar: "Während es relativ einfach ist, durch eine drohende Haltung die analoge Mitteilung 'Ich werde Dich angreifen' zu machen, ist die Mitteilung 'Ich werde Dich nicht angreifen' äußerst schwierig zu signalisieren.

Hierfür pflegen wir uns der digitalen Sprache zu bedienen, wobei allerdings immer fraglich bleibt, ob der andere unseren Worten glaubt. In ähnlicher Weise ist es nicht schwer, die Aussage 'Der Mann pflanzt einen Baum' rein bildlich darzustellen (eine einzige Zeichnung kann dies zum Ausdruck bringen), während es kaum möglich ist, das Gegenteil ('Der Mann pflanzt einen Baum nicht') durch eine Bildanalogie darzustellen."[46]

Weiß jemand um diese Unterschiede in den

---

[46] Watzlawick, Menschliche Kommunikation.. .98.

beiden Kommunikationsformen nicht, so kann das zu erheblichen Kommunikationsstörungen führen.

So ist die zweite Konfliktquelle, neben den Interpretationsschwierigkeiten übersetzter Analogiekommunikation, der unumgängliche Informationsverlust bei der Übersetzung von analogen Formen in digitale Kommunikation. Um entsprechende Konflikte zu vermeiden, muss man um diese Informationsverluste wissen.

In gestörter Kommunikation verliert der Mensch die Fähigkeit, digital über das Wesen einer Beziehung zu kommunizieren, also in die Metaebene zu wechseln.

Gerade dann aber ist es notwendig zu sprechen. Die Intensivierung der analogen Kommunikation kann nicht weiterhelfen, denn sie kann mangels ihrer Abstraktionsfähigkeit nicht metakommunikativ sein. Die Metakommunikation, das Sprechen über die Beziehung, ist notwendig, um das gestörte Verhältnis zwischen analoger und digitaler Kommunikation wiederherzustellen.

In keiner anderen Kommunikationsschicht ist das Vertrauen so wichtig wie hier, und in keiner anderen muss man so viele Defizite, die durch Informationsverlust im Übersetzungs-Prozess entstehen, als unabänderlich hinnehmen. Funktionsfähige analoge und digitale Kommunikation erreicht ein hohes Maß an emotionaler Befriedigung. Die nötige Souveränität, diese Befriedigung als einen Dauerzustand zu erhalten, besteht in der grundsätzlich wohlmeinenden Haltung gegenüber dem Anderen. Viele anfänglich kleine Konflikte, die in sich den Keim zur Eskalation tragen, können schon dadurch überwunden werden, dass man sich sagt: "Er meint das nicht so", "Ich habe seine Nachricht zwar negativ aufgefasst, aber eigentlich wollte er etwas Positives sagen" etc.

Störungen hinsichtlich des analogen und digitalen Aspektes von Kommunikation sind in emotional intensiven Beziehungen schwerer zu beheben, denn wenn die Kommunikation auf dem rein sprachlichen Gebiet nicht funktioniert, so reduziert sich normalerweise auch die Körpersprache; d.h. man kann nicht miteinander streiten und dabei gleichzeitig "Händchenhalten". Das geht nur dann, wenn zwei Menschen tatsächlich in der Lage sind, ihre Beziehungsebene völlig zu trennen von derzeit vorliegenden inhaltlichen Differenzen.

Gefährlich aber sind auch die Rückschlüsse: "Wir haben seit vier Monaten nicht miteinander....!" Dieser Satz unterstellt: in unserer analogen Kommunikation klappt es nicht mehr. Deshalb aber muss aber die Beziehung nicht schlecht sein.

Noch einmal: Körpersprache und sprachliche Sprache sind nicht notwendigerweise aufeinander verwiesen. Eine Beziehung wird sicher voller und schöner, wenn sie es sind, aber sie ist nicht dadurch schlecht, dass diese beiden

Kommunikationsebenen relativ wenig miteinander verbunden sind. Das normale Trachten eines Menschen aber geht dahin, die rein analogen Wirklichkeiten (Körpersprache) auch zu digitalisieren (= darüber zu sprechen). Wer die Digitalisierung nicht will, der will die Beziehung nicht.

Die rein analoge Sprache, wie sie beispielsweise bei einem Bordellbesuch vorliegt, muss nicht digitalisiert werden, denn in solch einem Fall ist eine Beziehung von vornherein nicht gewollt. Das "Geschäft" kann ablaufen, ohne dass man miteinander redet, aber deshalb kann man eben auch nicht von einer Beziehung sprechen.

Ebenso ist die rein digitale Sprache einer Telefonauskunft auf analoge Begleitungen angewiesen, aber auch handelt es sich nur um eine "Beziehung" im engsten Sinne und ist beschränkt auf eine bestimmte Zeit.

In einer wirklichen, echten menschlichen Beziehung folgt immer das eine aus dem anderen: die Körpersprache zieht das echte Miteinander-Reden nach sich, oder eben umgekehrt. Sind beide Ebenen völlig voneinander gelöst, so ist eine Beziehung schwer gestört.

Wichtig ist allerdings sauber bei den einzelnen analogen Kommunikationsformen zu trennen, ob diese wirklich für die Beziehung wichtig sind oder nicht. Als typisches Beispiel gilt das Vergessen des Hochzeitstages und der entsprechenden Blumen seitens des Ehemannes. Die Blumen sind eine analoge Kommunikation. Sie drücken vieles aus, auch vieles, das sich schwer in Sprache bringen lässt. Die Blumen werden zum Informationsträger für digitale Aussagen, d.h. für Aussagen, die rein auf der Aussageebene bleiben. Sicher gibt es wegen der Vergesslichkeit bei vielen Paaren Konflikte.

Zur Konfliktlösung muss man sich nun darüber im Klaren sein, dass hinsichtlich dieser analogen Kommunikation (Blumen) unterschiedliche Erwartungen vorliegen. Zweifellos muss die Beziehung nicht schlecht sein, wenn die analoge Kommunikation in dem erwarteten Fall nicht erfolgt, zugleich aber wird derjenige, der die analoge Kommunikation (= Blumen) erwartet, möglicherweise auf eine Störung rückschließen: "Wenn Du mir keine Blumen zum Hochzeitstag schenkst, dann liebst Du mich nicht mehr!"

Ich habe auch einen anderen Fall erlebt: ein Freund lud mich zusammen mit seiner Frau zum Abendessen ein. Auf der Fahrt zum Restaurant hörte ich, der Anlass sei der soundsovielste Hochzeitstag. Als nun die Flasche Wein auf dem Tisch stand und eingeschenkt war, erhob mein Freund, seine Frau liebevoll ansehend das Glas, wollte gerade mit ihr anstoßen (= analoge Kommunikation) und dazu etwas nettes sagen (= digitale Kommunikation). Dazu aber kam er gar nicht mehr, weil die Frau, kaum hatte ihr Gatte Luft geholt sagte: "Ach, lass...". So stießen wir also nur miteinander an.

Watzlawik sagt, dass dann, wenn die Beziehung o.k. ist, die analoge Kommunikation keiner Digitalisierung bedarf. Dazu nur folgendes: Viele Konflikte entstehen deshalb, weil analoge und digitale Kommunikation nicht übereinstimmen, das aber muss nicht sein. Grundsätzlich aber geht es um die Beziehung zwischen "Ich" und "Du", hinsichtlich der man sich im je einzelnen Falle darüber im Klaren sein muss, ob – und wenn "ja", wie stark – die Differenzen auf dem Gebiet analoger und digitaler Kommunikation tatsächlich ein Zeichen dafür sind, dass die Beziehung (zur Zeit) krank ist.

Selbst wenn man aber zu dem Ergebnis kommt, dass dies der Fall ist, so muss das noch nicht das "Aus" der Beziehung sein. Vieles lässt sich heilen. Vieles kann man sich (wenn man um die Erwartung des anderen weiß und diese um der Liebe willen gerne erfüllt) auch an- bzw. abgewöhnen.

3.2.4. Störungen im Aspekt symmetrischer und komplementärer Kommunikation

Störungen zwischen symmetrischer und komplementärer Kommunikation treten dann auf, wenn sozial und kulturell bedingte Gleichheit und Unterschiedlichkeit als moralische Werturteile aufgefasst werden. Dann wird aus einer Gleichheit (symmetrisches Verhältnis) der Versuch erwachsen, dem Anderen überlegen zu werden und andererseits wird aus Ungleichheit (komplementäres Verhältnis) ein als unerträglich empfundenes Unterordnungsverhältnis.

Normalerweise ist in Beziehungen der Aspekt von Symmetrie und Komplementarität ausgewogen. Die Kämpfe sind gekämpft, die Positionen eingenommen, die jeweilige Überlegenheit des Anderen ist anerkannt, sowie seine Unterlegenheit in anderen Fällen bewusst. Störungen liegen vor, wenn diese Ausgewogenheit aus irgendeinem Grunde in Bewegung gerät, wenn neue Kämpfe um neue Territorien einsetzen usw.

Nehmen wir folgenden Fall: Der Mann ist Lehrer, hat einen relativ großen Bildungsvorsprung und dieser wird seitens der Frau anerkannt. Im Laufe der Ehe aber erarbeitet sich die Frau auch ihre Position: sie versorgt den Haushalt und kümmert sich um die Kinder. Es herrscht der Zustand ausgewogener Komplementarität vor: jeder hat seine Stärken auf seinem Gebiet, diese Stärken ergänzen einander und führen zu einer "guten" Beziehung.

Nun beginnt nach vielen Jahren ausgewogener Symmetrie und Komplementarität die Frau, beispielsweise durch einen Sprachkurs, mit Weiterbildung und beginnt, das ursprüngliche und jahrelange Verhältnis der Unterordnung gegenüber ihrem bis dato intellektuell überlegenen Mann zu verändern. Sie begibt sich sozusagen auf sein Territorium. Nun setzt eine Neubestimmung eines bis dahin als komplementär vorliegenden Verhältnisses ein. Man kann sich vorstellen, welche Kämpfe das nach sich zieht...

Sowohl in Ehekonflikten, als auch in betrieblichen Auseinandersetzungen kann man beobachten, wie das Verhalten der Partner bei derartigen Neubestimmungen solange eskaliert, bis schließlich ein Punkt körperlicher oder emotionaler Erschöpfung erreicht ist, auf den dann eine Periode unsicheren "Waffenstillstands" folgt, bis sich die Partner für die nächste "Runde" erholt haben.

Als Konflikttyp ist dies häufig ein offener Konflikt[47]. Er endet meist darin, dass die Selbstdefinition des Partners verworfen, d.h. die Weise, wie der Andere sich sieht, nicht weiter akzeptiert wird.

---

[47] Vgl. zum offenen Konflikt: Konfliktsouveränität......58f, dort habe ich definiert: ""Als offener Konflikt wird jeder ausgebrochene Konflikt bezeichnet. Der offenen Konflikt ist zunächst als Situationskonflikt erkennbar. (...) Als offenen Konflikt bezeichnen wir einen kurzzeitigen und meist sehr emotionalen Konflikt."

In einer stabilen Beziehung sind die Partner im Stande, den anderen zu akzeptieren, was zu wachsendem Vertrauen führt und damit zu einer realistischen gegenseitigen Bestätigung in der Beziehung.

In der ausgewogenen Phase (diese kann sehr lange dauern), d.h. in der Phase, in der jeder um seine und die des Partners eigenen Schwächen und Stärken weiß, kann dieses Wissen zu einer gegenseitigen Bestätigung der Selbst- und Beziehungsdefinitionen führen: "Ich bin schwach und ich freue mich, dass Du stark bist" - "Ich bin stark und freue mich, dass Du mich stärkst" usw.

Das Problem der Kommunikationsstörungen auf der komplementären Ebene besteht in der möglichen Erstarrung eines einmal festgestellten - und da auch von allen akzeptierten - Verhältnisses.

Solche Verhältnisse aber ändern sich. Sie sind dynamisch, weil sie auf den unterschiedlichsten Stärken und Schwächen beruhen, die jede für sich dynamischen Charakter haben, zumal dann, wenn jeder an sich arbeitet. Ändern sich diese Gründe, dann muss sich auch das Verhältnis ändern. Das kann unter Umständen schmerzhaft sein, weil gerade der Mann sich häufig in der Rolle des "Starken" und Überlegenen wohl fühlt. Muss er diese Rolle neu definieren, weil seine Frau auf einem bestimmten Gebiet an Stärke dazugewonnen hat und seiner (lediglich zur ihrer vormals bestandenen Schwäche komplementären) Stärke nicht mehr bedarf, so kann er schnell in die Empfindung des Abgelehnt-Werdens kommen.

In der Ehe bringt es große Probleme mit sich, wenn einer der Partner sich ändert, während der andere an bisherigen Rollenspielen festhalten möchte und diese Änderung als Infragestellung seiner eigenen Persönlichkeit empfindet.

"Ich bin nicht mehr das kleine dumme Mädchen, dass Du mal geheiratet hast" – solche oder ähnliche Sätze offenbaren, dass sich im Verhältnis komplementärer und symmetrischer Kommunikation einiges verändert hat. Gehen diese Veränderungen schneller vor sich, als das entsprechende Rollenverhalten sich ändert, so stehen erhebliche Konflikte ins Haus.

Diese aber führen vom Aspekt symmetrischer und komplementärer Kommunikation wieder zu dem von Inhalt und Beziehung: Man wird es lernen müssen, die Veränderungen von Symmetrie und Komplementarität nicht als Veränderungen der eigentlich zugrunde liegenden Beziehungswirklichkeit zu interpretieren und wird bei den (oft leider notwendigen) Auseinandersetzungen dazu kommen, dass man möglicherweise inzwischen auf der Sachebene anderer Meinung ist (als früher), dies jedoch der Beziehung keinen Abbruch tut.

3.2.5. Störungen im Ziel- und Seinsaspekt

Die seinsgerichtete Kommunikation ist die Kommunikation über Daten und Fakten; die zielgerichtete diejenige über Ziele und Wünsche. Die Kommunikation zwischen Menschen ist abhängig von deren Interpretation der Fakten und den daraus resultierenden Vorstellungen.

Ich fragte einmal die Frau meines Verlegers Josef Schmidt, als dieser noch viel unterwegs war, ob es ihr nichts ausmache, dass ihr Mann so häufig verreist sei. "Ach, nein", gab sie zur Antwort, "er kommt ja immer wieder."

Kommunikationstheoretisch habe ich mich an den Fakten orientiert und von meiner Fakteninterpretation her gefragt. Frau Schmidt hingegen hat nicht das Faktum der Abwesenheit ihres Mannes gesehen, sondern zielgerichtet dieses Faktum interpretiert und primär aus dieser Zielperspektive heraus betrachtet. Entsprechend war unsere Kommunikation von ziel- und seinsgerichteten Elementen bestimmt.

Das reine Faktum "es regnet" – um noch ein anders Beispiel zu nennen – kann man entweder seins- oder zielgerichtet ausdrücken. Seinsgerichtet heißt es "es regnet", zielgerichtet zum Beispiel: "Ich würde mich freuen, wenn die Sonne schiene." Seins- und zielgerichtete Aspekte der Kommunikation überschneiden sich oft und erzeugen dadurch erhebliche Konflikte.

Es gibt Menschen, bei denen die gesamte Kommunikation in der Fixierung auf bestimmte Vorstellungen basiert. Je größer die Fixierung ist, desto unrealistischer werden Daten und Fakten interpretiert, bis sie hinter der auf bestimmte Ziele und Vorstellungen gerichteten Fixierung verschwinden. Die Daten existieren dann nicht mehr als äußerer Wert, den auch ein anderer erkennen kann, sondern dienen lediglich als Maßstab für die eigene Zielerreichung.

Über die Daten, die so "verwandelt" werden, kann man nicht mehr kommunizieren. Die Kommunikation wird umso gestörter sein, je weniger der Fixierte selbst oder der Gesprächspartner von der (zwanghaften) Festlegung auf bestimmte Ideen und Vorstellungen weiß.

Bleiben wir bei dem Beispiel des Regnens: sowohl der einfach feststellte Zustand "es regnet" (seinsgerichtet) als auch die Freude auf die bald kommende Sonne (zielgerichtet), führt dann zu einer Kommunikationsstörung, wenn jemand etwas vorhat, das von schönem Wetter abhängig ist.

Angenommen, er ist mit einem alten Freund zu einem nachmittäglichen Spaziergang verabredet, der nur stattfinden soll, wenn es nicht regnet. Je mehr ihm an dem Freund liegt, desto mehr wird er sich darauf fixieren: "Es darf auf keinen Fall regnen." Nun regnet es aber doch. Der Regen wird dann nur gesehen als etwas, das ihm das vorgenommene

Ziel zerstört. Spricht er nun mit jemandem, der ohnehin den Nachmittag allein Zuhause verbringt, dem also der Regen nichts ausmacht, dann passiert Folgendes: der eine wird die Tatsache, dass es regnet, einfach hinnehmen und sie für nicht schlimm halten, der andere wird, je nach Stärke seiner Fixierung auf regenfreies Wetter, zu dieser einfachen Fakteninterpretation kaum fähig sein.

Er wird mit Vorwürfen reagieren: "Wieso sagst Du, es sei nicht schlimm, dass es regnet? Der Regen verdirbt mir ein wichtiges Treffen!" Wenn der andere darauf entgegnet: "Du kannst doch nicht um die Tatsache herum, dass es regnet", so beginnt die Kommunikation sich im Kreise zu drehen und erst, wenn er erkennt, dass sich der andere völlig auf seinen Spaziergang mit dem Freund fixiert hat, wird er ihn verstehen.

Jede Faktenwahrnehmung wird schon von den Zielvorstellungen beeinflusst. Das aber ist in sich nicht konfliktär. Selbst dann nicht, wenn beide Kommunikationspartner dieselben Fixierungen haben.

Eine Kommunikationsstörung angesichts dieser beiden Aspekte tritt nur dann auf, wenn zwei völlig verschiedene Zielvorstellungen hinsichtlich desselben Faktums bestehen.

In einer Firma kann man zunächst einmal feststellen, dass einer der Mitarbeiter offensichtlich Alkoholiker ist. Haben die am Gespräch Beteiligten alle das Ziel, ihm zu helfen, dann kann die Tatsache des Alkoholismus zunächst einmal hingenommen werden. Bestehen jedoch Differenzen, dass einer den Angestellten für geschäftsschädigend hält, ein anderer aber helfen will, so ist die Kommunikation über dasselbe Faktum aufgrund verschiedener Interpretationen gestört.

Störungen in seinsgerichteter und zielgerichteter Kommunikation treten dann auf, wenn die wahrgenommenen Fakten aufgrund je unterschiedlicher Zielvorstellungen verschieden interpretiert werden. Ausrichtungen allein auf ein Ziel sind nie gesund. Jeder Mensch muss lernen, seine Ziele so zu stecken, dass er sie prinzipiell auch erreichen kann. Es ist nie gut, die ganze Hoffnung auf eine Karte zu setzen, weil eine zu große Frustration nicht einfach durch zielgerichtete Kommunikation behoben werden kann. Je stärker der Freund auf genau diese eine verabredete regenfreie Wanderung fixiert ist, umso weniger wird es ihn trösten, dass nach jedem Regen wieder die Sonne scheint.

Wer Zielverengungen vermeidet, schließt Kommunikationsstörungen hinsichtlich des Seins- und Zielaspektes aus. Ich halte es auch aus diesem Grund für unbedingt notwendig und ratsam, dass man sich in Beziehungen über die gemeinsamen Ziele im Klaren ist.

Ich muss in der Praxis immer wieder feststellen, dass das nicht der Fall ist. Allenfalls bestehen formelle Ziele: dass man ein Häuschen bauen möchte, dass man dieses oder jenes Auto fahren möchte usw., inhaltlich aber lässt man sich alles offen. Manchmal frage ich mich, weshalb Firmen und Konzerne Ziele definieren, es Eheleute aber nicht schaffen. Ohne Ziele aber gibt es nur eine seinsgerichtete Kommunikation, allenfalls hat man noch kleine Jahresziele, z.B. nach hier oder dort in den Urlaub zu fahren.

Wer aber das Ziel nicht kennt, der kann den Weg nicht finden. Wer würde schon auf die Straße gehen und jemanden ansprechen: "Entschuldigen Sie bitte, können Sie mir sagen, wo ich hin will?" – man kann doch den Weg nur erfragen, wenn man das Ziel kennt.

Ich glaube, dass erhebliche Kommunikationsstörungen bei Partnerschaften sich auf den mangelnden Zielaspekt beziehen. Auch glaube ich, dass viele Partnerschaften nicht deshalb zustande kommen, weil man gemeinsame Ziele hat, oder meint gemeinsam ein Ziel erreichen zu können, vielmehr glaube ich, dass Ziele so gut wie keine Rolle spielen. Mit Zielen zu leben ist freilich anstrengend. Aber man hat wenigstens die Chance einer positiven Bewertung seines Lebens, wenn man Ziele hat. Ansonsten wäre alles Zufall oder Willkür.

Josef Schmidt hat einmal gesagt: "Planung ersetzt den Zufall durch den Irrtum" – das gilt aber keinesfalls nur für planerisches Vorgehen im Unternehmen. Gemeint ist mit dem Spruch, dass es immer noch besser ist, infolge eines Irrtums ein falsches Ziel zu erreichen, als infolge von Zufällen, denn aus Irrtümern kann man lernen, aus Zufällen nicht.

Das große Problem des Sich-auseinander-Lebens beruht meines Erachtens größtenteils auf dieser fehlenden Zielperspektive und könnte in vielen Beziehungen verhindert werden, wenn Klarheit über die Ziele bestünde. Selbstverständlich kann man nicht alle Ziele im Detail planen, aber wenigstens die grobe Richtung – um es mit einem Bild aus dem Wanderurlaub zu sagen – die "Himmelsrichtung" muss doch stimmen. Es ist ermüdend und frustrierend, wenn man sich immer nur über den seinsgerichteten Aspekt der Kommunikation trifft, auf Dauer ist es sogar erniedrigend, denn es entspricht der Würde des Menschen, dass er Ziele hat und alles daran setzt, diese zu verwirklichen.

Bleiben wir bei dem Bild vom Wanderurlaub: man nimmt sich vor, wo man hin möchte; wenn man in den Bergen ist, nimmt man das nächst größere Ziel ins Auge. Dann kann man auch wieder auf den Pfad schauen, ja, das muss man sogar, aber immer, wenn man eine Pause einlegt, schaut man auf das Ziel und erwägt, wie weit man von diesem noch entfernt ist.

Dabei kann es "böse" Überaschungen geben, neue Täler tun sich auf, Verwinkelungen des Weges nach der nächsten Kuppe, lassen das so nahe geglaubte Ziel in weite Ferne rücken, aber das eine bleibt doch: man ist auf dem Weg und man hat das Ziel vor Augen. Sollte es tatsächlich zu anstrengend werden, so kann man immer noch nach Absprache mit den Mitwandernden ein kürzer gestecktes Ziel ins Auge fassen und dann noch einmal überlegen, ob das am Tagesbeginn gefasste Ziel tatsächlich erreichbar ist. Auch macht es Freude, Wege auszusuchen, auf denen am Ende eine Hütte ist, wo man einkehren kann, das motiviert ungeheuer...

Auch die Erziehung von Kindern leidet unter dem meist nur vorliegenden Seinsaspekt. Man greift schimpfend oder ratend ein, wenn sich dieses oder jenes ergeben hat, oder wenn etwas vorgefallen ist. Ansonsten lässt man den Dingen ihren Lauf. Das kann zu bösen Überraschungen führen. Wäre es nicht schöner, wenn die Eltern recht genau wüssten, wohin sie das Kind führen möchten und wenn Erziehung nicht immer nur das punktuelle Eingreifen in eine konkrete Situation bedeutet, sondern tatsächlich das, was das Wort "Pädagogik" beinhaltet: ein behutsames und unentwegtes (in diesem Wort steckt auch das Wort "Weg!) Führen des Kindes.

Erziehung ist eine Führungsaufgabe und jede Führungsaufgabe (auch in der Wirtschaft) hat etwas mit Erziehung (im Sinne von Pädagogik) zu tun. Das alles aber wird sinnlos und die Aneinanderreihung von Zufällen, wenn man keine Ziele hat.

3.2.6. Störungen im Aspekt kompatibler und inkompatibler Kommunikation

In jeder Kommunikation gibt es Aussagen, die verstanden werden und solche, die nicht verstanden werden. Anders gesagt: Man kann einen anderen Menschen nie völlig verstehen. In jedem Menschen, auch wenn man ihn noch so gut kennt, gibt es Bereiche, in die kein anderer dringt und jeder Mensch - auch wenn er einem anderen noch so nahe steht - wird in mancher Hinsicht unverstehbar bleiben.

Alle seine Eigenarten aber fließen in die Kommunikation mit ein. So sehr sich ein Mensch bemühen muss, das auszudrücken, was er sagen will und dieses so zu sagen, dass auch der andere es versteht, so sehr muss er auch wissen, dass dies nur näherungsweise möglich ist. Jede menschliche Kommunikation hat deshalb kompatible und inkompatible Aspekte, d.h. jede Kommunikation ist nur annähernd begreifbar und enthält immer Unbegreiflichkeiten.

Kommunikationstheoretisch spricht man von den Informationsverlusten, die zwischen Sender und Empfänger immer entstehen. Mit den korrelativen Aspekten von Kompatibilität und Inkompatibilität ist jedoch nicht dieser Informationsverlust gemeint, sondern die beschränkte Möglichkeit, zu sagen, was man wirklich sagen will und zu verstehen, was man tatsächlich gehört hat.

Im Aspekt kompatibler und inkompatibler

Kommunikation treten Störungen dann auf, wenn für den einen Gesprächspartner der wichtigste Teil der Kommunikation des anderen nicht verstanden wird.

Der wichtigste Teil ist allerdings nicht immer der größte Teil. So können in einer Kommunikation 90% "Geschwätz" sein, das der andere gar nicht verstehen will, geht es aber um eine nicht zu verstehende Kernaussage, dann treten Störungen auf.

So kann man nach einem sehr langen Gespräch mit einem Mitarbeiter durchaus feststellen, dass der andere kein Interesse an der Firma hat, in der er arbeitet. Kann man ihn in vieler Hinsicht auch gut verstehen, also kommunikativ eine hohe Kompatibilität erreichen, so kann die Inkompatibilität hinsichtlich der Identifikation mit der Firma dennoch die entscheidende Störung verursachen.

Scheinbare Störungen liegen nur dann vor, wenn jemand die Qualität der Kommunikation mit einem anderen einfach danach beurteilt, ob er den anderen begreift, oder nicht. Hier liegt der Unterschied zwischen Verstehen und Begreifen: Ich kann durchaus verstehen, warum ein Mensch diese oder jene Ansichten hat, aber ich kann nicht begreifen, warum er so handelt.

Hinsichtlich der Verstehbarkeit kann also eine hohe Kompatibilität bestehen und diese kann den weitaus größten Teil der Kommunikation ausmachen, hinsichtlich des Begreifens aber wird die Kommunikation dennoch inkompatibel bleiben.

Anders gesagt: man kann durchaus verstehen, warum ein Mensch drogen- oder alkoholabhängig geworden ist, aber es bleibt unbegreiflich, weshalb ein solcher Mensch einen anderen töten kann. Hinsichtlich der Tötung wird dann die Kommunikation, trotz eines hohen Verständnisses, nicht kompatibel sein.

Nehmen wir ein Beispiel: Ein Angestellter kommt häufig zu spät zur Arbeit. Er schert sich wenig darum, was die Kollegen von ihm halten, er ist verschlossen und teilt sich in der Firma wenig mit. Es kommt zum Gespräch mit dem Vorgesetzten. Diesem nun erzählt der Angestellte seine Lebensgeschichte: seine Mutter sei Alkoholikerin, sein Vater sei zwar nicht von der Mutter geschieden, aber lebe irgendwo in Italien mit einer Lebensgefährtin zusammen, er zahle seine Alimente nicht und die Mutter klage sie wegen des Alkoholismus ein usw. All das kann der Vorgesetzte verstehen. Solange sie über diese Dinge kommunizieren, bleibt ihr Gespräch gleichberechtigt und offen (also formal betrachtet: kompatibel).

All das aber begründet ja letztlich nicht den Schlendrian, den der Angestellte hinsichtlich der Pünktlichkeit hat einreissen lassen. Denn es gibt andere Angestellte mit ähnlichen Lebensschicksalen, die vorbildlich arbeiten. Beginnen Angestellter und Vorgesetzter die Kommunikation bezüglich der Pünktlichkeit, so wird die vormalige Kompatibilität abnehmen. Im Zweifel verhärten sich die Fronten: Der Vorgesetzte kann den Angestellten nicht begreifen, der Angestellte fühlt sich vom Vorgesetzten nicht verstanden. Als zusätzliches Problem wird hier auftreten, dass der Angestellte die erzählte Lebensgeschichte nun auch für inkompatibel hält und sich gänzlich mißverstanden fühlt.

Wenn bezüglich wesentlicher Mitteilungen die Kommunikation inkompatibel ist, dann treten erhebliche Störungen auf. Dies Problem lässt sich am ehesten dadurch lösen, dass man zunächst einmal von der Tatsache ausgeht, die Kommunikation des anderen bestehe, genauso wie die eigene, aus beiden Faktoren. Oft gibt es scheinbare Inkompatibilitäten, die sich nach Rückfragen und Präzisierungen als Kompatibilitäten erweisen.

In Verkäufertrainings wird immer wieder darauf hingewiesen, dass die Übereinstimmung mit dem Kunden eine wichtige Voraussetzung für den Verkauf ist. Zunächst gilt es, die Kompatibilitäten festzustellen, dann bleiben aber noch viele Inkompatibilitäten, vor allen Dingen der prinzipielle Zweifel des Kunden, ob er nicht doch "über's Ohr gehauen" wird, zuviel für das Produkt bezahlt usw. Nun gilt es für den Verkäufer, diesen Zweifel auszuräumen und seine Aussagen kompatibel zu machen.

Folgender Grundsatz ist dann zu beachten: Kompatible und inkompatible Kommunikationsaspekte sind in vielen Fällen dynamisch: Wo eine geringe Übereinstimmung besteht, kann diese wachsen. Konflikte auf dieser Ebene lassen sich vermeiden und ausräumen, wenn man bei den Übereinstimmungen beginnt.

Darüber hinaus besteht jede Kommunikation aus kompatiblen Aussagen (= Aussagen, die verstanden werden können) und inkompatiblen Aussagen (= Aussagen, die nicht verstanden werden können). Selbstverständlich ist eine Kommunikation umso besser, je kompatibler sie ist.

Besteht eine Kommunikation größtenteils aus Inkompatibilitäten, so redet man aneinander vorbei. Theoretisch lässt sich dies alles gut auseinandernehmen und erklären, in der Praxis jedoch gehen die kompatiblen und die inkompatiblen Elemente stark durcheinander oder ineinander.

Schmeicheleien, Lobhudelein oder übertriebene Komplimente mögen seitens des "Redners" gut gemeint sein und entspringen vielleicht durchaus seinen Verstehensmöglichkeiten, beim Empfänger jedoch können sie völlig falsch ankommen. Konflikte in diesem Bereich sind Legion. Sie basieren alle auf dem Goethe-Wort: "Die Botschaft hör' ich wohl, allein mir fehlt der Glaube!"

Nehmen wir ein Beispiel: In einer Beziehung macht der Mann seiner Frau ständig viele, ernst gemeinte (weil so empfundene) Komplimente, sie nimmt diese dankbar auf, denkt aber im Stillen durchaus, dass ihr Mann immer ein wenig zu Übertreibung neigt. Ihre Art nun ist es nicht, Komplimente zu machen. So ist die Kommunikation sehr einseitig: er verteilt Komplimente, bekommt aber keine. Nun beginnt er vielleicht zu ahnen, dass seine Komplimente inkompatible Zeichen sind, die der andere wohl hört, aber nicht glaubt oder ernst nimmt. Er fühlt sich (nicht einmal zu Unrecht) missverstanden.

Spricht er seine Frau nun darauf an, dann könnte er erfahren, dass sie ihm durchaus auch "Komplimente" macht, aber diese sind für ihn inkompatibel, d.h. zu verborgen, als dass er sie wahrnehmen könnte. Für sie ist es vielleicht schon ein "Kompliment", wenn sie nicht an ihm herummeckert, er hingegen wartet auf eine direkte Aussage. Im besten Fall wird durch ein Gespräch die Kommunikation tatsächlich kompatibler. Die Gründe aber für festgestellte Inkompatibilitäten liegen woanders. Man kann und sollte danach suchen und dann – es bleibt immer bei demselben – muss man auch anfangen, sich zu ändern.

3.2.7. Störungen im systematischen und spekulativen Aspekt

Der Aspekt von systematischer und spekulativer Kommunikation beruht auf Anlagen (vgl. hierzu auch im Teil I: rechts oder links?) insofern je andere Wahrnehmungsweisen zugrunde liegen.

Systematische Kommunikation ist zum Beispiel bei einer Gedankenentfaltung gegeben, der jeder Zuhörer folgen kann: aus einer Voraussetzung A folgt B, aus B folgt C usw, bis schließlich ein Ergebnis X erreicht ist. Das versteht jeder.

Die Tiefenstruktur spekulativer Kommunikation ist nicht von logischen Folgen, die ein gemeinsames Ergebnis erzielen, bestimmt, sondern von Ergebnissen, die jeder für sich hat. Die spekulative Kommunikation läuft so ab, dass ein Gesprächspartner ein Ergebnis äußert, ein anderer dieses Ergebnis mit seinem eigenen Ergebnis vergleicht, aus beiden ein neues Ergebnis gewinnt und nun seinerseits mit diesem die Kommunikation fortsetzt.

In der systematischen Kommunikation ergibt sich das Folgende logischerweise aus dem Vorausgegangenen, die Tiefenstruktur spekulativer Kommunikation hingegen erscheint immer leicht unlogisch. Kommunizieren nun ein spekulativer und ein systematischer Typ miteinander, so können beide entweder ein konfliktfreies Gespräch auf der komplementären Ebene führen, oder aber sie reden aneinander vorbei.

Störungen in der Kommunikation zwischen beiden Typen treten dergestalt auf, dass der systematische Typ, der meist im Detail präziser und exakter ist, von seiner Wahrnehmungsweise her beim spekulativen Gesprächspartner "Brüche" feststellt. Das äußert sich meist in der Aussage: "So schnell komme ich nicht mit." Er will Einblick darin bekommen, wie der Andere das Ergebnis, das er der weiteren Kommunikation voranstellt, erzielt hat. Öfter wird der Spekulative unterbrochen mit Appellen wie "Langsam, langsam!"

Eine typische Gesprächssituation zwischen beiden Typen ist etwa folgende (Sprecher 1 ist der systematische Typ, Sprecher 2 der spekulative):

Sprecher 1:
"Hast Du schon einmal die Buddenbrooks von Thomas Mann gelesen?"

Sprecher 2:
"Ich finde die Art, wie Stefan Zweig in "Maria Stuart" den Tod des Vaters beschreibt wesentlich tiefer, als die Beschreibung des Todes vom alten Buddenbrook..."

Sprecher 1:
"Wie kommst Du denn jetzt auf Stefan Zweig..?"

Sprecher 1 stellt eine einfache Frage, Sprecher 2 jedoch spekuliert sofort weiter, seine

Art, das Gespräch aufzunehmen ist für ihn nicht nur die Beantwortung einer systematischen Frage (dass er das Buch gelesen hat, ist für ihn durch die Antwort ohnehin klar), sondern er geht sofort in die inhaltliche Ebene.

Dies aber überfordert seinen systematischen Gesprächspartner, er geht auf die Spekulationen nicht ein, sondern kommt mit einer erneuten Frage auf seine Gesprächseröffnung zurück. Die beiden Sprecher beginnen aneinander vorbeizureden. Dem Systematiker hätte die blanke Antwort "Ja" genügt, diese aber ist dem spekulativen Typ zu wenig. Es entstehen erste Kommunikationsstörungen.

In einem Betrieb kann das Gespräch so aussehen (wieder ist Sprecher 1 der systematische Typ):

Sprecher 1:
"Haben Sie schon von den Problemen gehört, die der neue Lehrling in der Auslieferungsabteilung hat?"

Sprecher 2:
"Ich war immer der Ansicht, dass er dort auf dem falschen Fleck ist!"

Sprecher 1:
"Wie kommen Sie darauf, das jetzt so zu sagen, wissen Sie über die Probleme in der Abteilung so gut Bescheid?"

Sprecher 2:
"In dieser Abteilung gibt es ständig Reibe-

reien und ich habe keine Lust, mich mit diesen Kindereien zu befassen..."

Wieder wird deutlich, dass der spekulative Typ aus der Sicht des Systematikers einige Stufen überspringt. Anstatt auf die Frage zu antworten, kommt er sofort mit einer fertigen Ansicht. Auch der zweiten Frage nach den konkreten Umständen folgen anstelle einer präzisen Antwort Ergebnisse: erstens, dass es in der Abteilung ständig Reibereien gebe und zweitens, dass er selbst sich nicht eingehend damit beschäftigen will. Auch hier sind Konflikte und Kommunikationsstörungen bereits in einem kurzen Gesprächsabschnitt erkennbar.

Diese Störungen können vermieden werden, wenn der spekulative Partner bereit ist, aus seiner Sicht einige Schritte zurückzugehen, noch einmal langsam zu erklären was er meint und dabei nicht die Geduld verliert. Diese nämlich ist beim spekulativen Typ oft schnell verbraucht. Ist der andere nicht so flink, zeigt er sich als pedantisch und "kleinkariert", so gibt der spekulative Typ schnell auf und erklärt den anderen für "dumm". Das aber ist nicht der Fall. Jeder Typ hat seine Vor- und Nachteile, sie zu erkennen und gegenseitig anzuerkennen ist die beste Möglichkeit, weiterhin störungsfrei miteinander zu kommunizieren.

Für Störungen im Aspekt systematischer und spekulativer Kommunikation gilt: Die Störungen im Aspekt systematischer und spekulativer Kommunikation entstehen meistens durch wechselseitige Ignoranz: dem Systematischen ist der Spekulative zu sprunghaft, dem Spekulativen der Systematiker zu langsam.

Wenn in Beziehungen ein systematischer und ein spekulativer Typ aufeinandertreffen und diese beiden in der Metakommunikation miteinander sprechen wollen, wie sie miteinander sprechen, kann das neue Probleme und Konflikte erzeugen, denn zwei so unterschiedliche Kommunikationsformen machen sinnvolle kommunikative Anschlusshandlungen schwer.

Die dadurch entstehenden Störungen müssen aber nicht auf inhaltliche Differenzen schließen lassen. Vielmehr ist es oft so, dass man zwar meint aneinander vorbeizureden, tatsächlich aber inhaltlich sehr nahe beieinander liegt. Derartige Störungen können im Verhältnis symmetrischer oder komplementärer Kommunikation vermieden werden.

4. Die ideale Kommunikationsgemeinschaft

Wir haben bisher viel über die kleinen Kommunikationsgemeinschaften nachgedacht. Es sind jene Beziehungen, die sich tagtäglich ergeben und innerhalb ihres kurzen Bestehens bestimmten Gesetzen folgen.

Ein besonderes Augenmerk wurde auf jene schwierige Kommunikationsgemeinschaft einer engen Zweierbeziehung (z.B. der Ehe) gelegt, denn sie gehorcht anderen Gesetzen, als die kurzzeitige Kommunikationsgemeinschaft irgendwelcher Begegnungen im Alltag. Sie ist in vielen Fällen konfliktträchtiger und birgt wegen der Dauer ihres Bestehens viele Probleme, die in anderen Kommunikationsgemeinschaften nicht entstehen oder einer anderen Wertmessung unterliegen.

Dieses letzte Kapitel nun wendet sich einer ganz anderen Kommunikationsgemeinschaft zu: der Gesellschaft als Ganzes. Hier wirken andere Gesetze und müssen andere Grundbedingungen gesehen werden, wiewohl sich die Bedingungen "normaler" Kommunikationsgemeinschaften auch in die große Kommunikationsgemeinschaft der Gesellschaft übertragen lassen. Unter diesem Aspekt betrachtet ist die Gesellschaft nichts anderes, als die Zusammensetzung aus vielen anderen, kleineren Kommunikationsgemeinschaften und sie folgt in vieler Hinsicht denselben Gesetzen.

Die folgenden Gedanken sind aus meinem Buch "Sprachsouveränität – Kommunikation" (Kap. 4, Schmidt-Verlag, Bayreuth 1992, 137-153) entnommen.

Das Ziel von Kommunikation soll eine offene Kommunikationsgemeinschaft sein, d.h. eine Kommunikationsgemeinschaft, die sich und ihre Mitglieder nicht nach außen hin abschottet - also im schlimmsten Falle unverständlich macht -, sondern die im Gegenteil schon durch die Art der Kommunikation einen steten Wechsel zwischen innen und außen zulässt. Da zu dieser Form kommunikativer Offenheit noch weitere Faktoren gehören, spricht der Frankfurter Philosoph Jürgen Habermas von der idealen Kommunikationsgemeinschaft[48].

Sie ist:
1. offen
2. herrschaftsfrei
3. gewaltfrei

---

[48] Habermas hat diese Theorie in dem zweibändigen Werk "Theorie des kommunikativen Handelns" grundgelegt (Frankfurt 1981). Habermas führt G.H. Meads kommunikationstheoretische Grundlegung der Sozialwissenschaften, die er ausführlich darstellt, und E. Durkheims Religionssoziologie (ebenfalls ausführlich dargestellt), so zusammen, dass eine neue Theorie entsteht. Diese befasst sich mit der Möglichkeit Kommunikation zu erklären. Sie geht davon aus, dass die Interaktion zwischen Menschen normengeleitet ist. Diese Normen werden kommunikativ vermittelt. Echte Interaktion ist nach Habermas nur möglich, wenn man die in ihr verwandten Begriffe in gleicher Weise versteht; diese wiederum lassen sich nur aus ihrer eigenen Entstehung - und Entstehungsgeschichte - begreifen. Zugleich muss die Kommunikationsgemeinschaft bestimmte Bedingungen erfüllen. Es geht hier also nicht um die gesamte "Theorie des kommunikativen Handelns", sondern um die in dieser vorfindlichen Theorie über Kommunikationsgemeinschaften.

4.1. Die offene Kommunikationsgemeinschaft

Zur Offenheit einer Kommunikationsgemeinschaft gehört die Vermeidung jeder Form von Normen, wie sie oben dargestellt sind. Offen ist eine Kommunikationsgemeinschaft dann, wenn es kein streng voneinander getrenntes Innen und Außen gibt und wenn es prinzipiell vermieden wird, die gelungene Kommunikation durch Normen so zu sichern, dass sie auch weiterhin gelingt. Im Gegensatz zu den normierten Kommunikationsgemeinschaften (von denen bisher oben die Rede war) besteht eine offene Kommunikationsgemeinschaft darin, dass jeder ohne Zwang hinzutreten und ohne Sanktionen austreten kann.

Habermas stellt die Bedingung, dass jede Kommunikationsgemeinschaft offen sein soll. Wie aber ist diese Offenheit erkennbar? Habermas gibt zwei Faktoren an, die die Offenheit einer idealen Kommunikationsgemeinschaft bestimmen: Sie muss ohne Herrschaft und ohne Gewalt auskommen.

Folglich ist zunächst die Frage, was der Unterschied zwischen beiden ist.

Herrschaft meint ganz bestimmte, in einer Kommunikationsgemeinschaft vorliegende Strukturen. Die Hierarchie ist beispielsweise eine klar vorgegebene Herrschaftsstruktur, die von der Spitze bis zur Basis in bestimmte Kompetenzen stuft. Hierarchie kommt aus dem Griechischen und ist die Kombination der Wörter hieros (d.h.: heilig) und arche (d.h.: Ursprung). Es heißt also heiliger Ursprung und bezieht sich auf die Annahme, dass die hierarchische politische Ordnung der göttlichen (und himmlischen) Ordnung entspricht. Die weltliche Ordnung spiegelt die himmlische Ordnung wider: Im Himmel ist Gott der König, der seinen Sohn als Erben eingesetzt und die verschiedenen Chöre (d.h. Stufen) der Engel als "Hofstaat" hat. Wesentlich für die Hierarchie ist also - analog zum Himmel - die Stufung der Menschheit in verschiedene Schichten: Papst/König-Klerus/Adel - christliche Gemeinschaft/Volk.

Wesentlich für die Hierarchie ist das sogenannte "Subsidiaritätsprinzip", das in der christlichen Soziallehre eine wichtige Rolle spielt. Dieses besagt, dass jede Schicht für sich die Verantwortung übertragen bekommt und übernimmt, die sie für sich selbst tragen kann. Nur wenn das Subsidiaritätsprinzip gewährleistet ist, spricht man von Hierarchie. Faktisch ist aber häufig, gerade von weltlichen Herrschern, dieses Prinzip außer Kraft gesetzt worden. In dem Falle wird die Hierarchie zu einem absolutistischen System.

In dieser Herrschaftsstruktur wird nicht mehr in verschiedene eigenverantwortliche Schichten gestuft, sondern die Herrschaft ist in der Hand einer kleinen, mit allen Kompetenzen ausgerüstete Spitze, die eine breite und rechtlose Masse regiert. Die Kommunikation ist sowohl in der hierarchischen Gesellschaftsordnung als auch in absolutistischen Systemen von der Hörigkeit gegenüber den Höherstehenden geprägt. Die von unten nach oben gerichtete Auflehnung dagegen ist in der Geschichte oft in grausamen Verfolgungen und Folterungen gewaltsam unterdrückt worden.

Eine solche Gewalt ist die Form, in der sich Herrschaft vollzieht. Dies muss nicht immer so sein. Wenn beispielsweise in einem absolutistischem System die Masse freiwillig diese Herrschaftsstruktur akzeptiert, braucht ihr gegenüber keine Gewalt angewandt zu werden. Dies wäre auch in kleineren Gesellschaftsformen der Fall, wenn beispielsweise eine Fußballmannschaft ihren Trainer völlig akzeptiert, seinen Weisungen blind Folge leistet und gehorcht. Der Trainer übt dann Herrschaft auf die Masse aus, aber aufgrund dieser vorliegenden Systemstruktur ist keine Gewaltanwendung zur Sicherung der Herrschaft notwendig.

Viele Betriebe sind bei uns so strukturiert, dass es zwar Herrschaft gibt, aber keine Gewaltanwendung zur Herrschaftssicherung, weil alle Angestellten den Chef akzeptieren. Gewalt dient immer der Herrschaftssicherung und des Herrschaftserhalts.

Man kann also definieren: In geschlossen Kommunikationsgemeinschaften finden sich immer Herrschaft und Gewalt. Herrschaft bezieht sich auf die Systemstrukturen, Gewalt auf die Systemvollzüge.

Bleiben wir zunächst bei den Systemstrukturen.

4.2. Die herrschaftsfreie Kommunikationsgemeinschaft

Herrschaft wird in Kommunikationsgemeinschaften ausgeübt, um diese systemstabil und durchsichtig zu machen. Das geschieht - wie oben gezeigt - durch die Einführung von Normen. Norm ist der Oberbegriff, zu ihr gehören:

- Standards
- Konventionen
- Feindbilder und
- Vorurteile.

Standards werden in Firmen häufig durch Kleidung genormt. Im Unterschied zur Norm, die eingeführt wird, ist der Standard die Überprüfung der Norm an anderen. Der gesamte Bereich der "Corporate Identity" betrifft die genormte Standardkleidung. Ein Freund von mir arbeitet als Rechtsanwalt in einer angesehenen, seriösen Kanzlei. Da er drei Kinder hat und nur ein Auto, überlässt er den Wagen seiner Frau. Er selbst fährt mit dem Fahrrad zur Arbeit und hält sich dennoch an den vorgeschriebenen Kleidungsstandard.

Aber bald wird es mit dem Frühsport bei ihm wohl aus sein. Bisher nämlich hatten die Sozien das Auto zwar nicht als Standard genormt, aber angesichts eines radelnden Mitarbeiters scheint ihnen dieses nun nötig. Sie orientieren sich zur Ermittlung des Standards an der Konvention, dass es sich für einen angesehenen Rechtsanwalt nicht ziemt, im Anzug mit dem Fahrrad vorzufahren. Entsprechend wurde die Norm festgelegt.

Konventionen sind, wie das Wort schon sagt (convenire = übereinkommen), Übereinkünfte. Es ist z.B. eine Konvention, dass der Herr zuerst der Dame die Hand gibt und dann dem sie Begleitenden. Ich habe mich in den beschämend erfolglosen Monaten meines Tanzunterrichts immer gefragt, weshalb sich der Herr bei der Dame zu entschuldigen hat, selbst wenn offensichtlich - oder zumindest spürbar - sie es war, die einen falschen Schritt tat, und dadurch das Paar aus dem Rhythmus brachte.

Das Eigenartige an Konventionen ist, dass sie meist stillschweigend und unhinterfragt übernommen werden. Sie werden dann zu Riten. Solche findet man in Firmen oft, wenn ein Angestellter dem Chef begegnet. Hier wird die Konvention, dass der Untergebene zuerst grüßt, mit dem Ritus einer entsprechenden Devotionsbewegung erfüllt.

Feindbilder gehören zu der subtilsten Form von Normen, denn sie sind in den häufigsten Fällen nicht an eine Person, sondern an Firmen, Konzerne, Parteien, Strukturen oder Personengruppen gebunden. Feindbilder gehören oft zur Firmenideologie. Dies weniger, um die Firmenmitglieder dazu anzuspornen "gegen" etwas zu arbeiten, sondern als Rechtfertigung für Scheitern und ausbleibende Erfolge.

Die Negativorientierung an Feindbildern hat

den Vorteil, dass sie klar und eindeutig ist. Man braucht nicht lange zu forschen und zu analysieren, vor allen Dingen nicht bei sich selbst. Man sucht und findet einen Schuldigen, der - gemäß den konventionellen Feindbildern - "außen" steht (auch wenn er Mitglied der Firma ist).

Es ist hingegen schwierig, Ursachen ohne Feindbilder aufzudecken, denn dann könnte prinzipiell auch jedes Firmenmitglied die Ursache für irgendeine Fehlentwicklung sein. Hinsichtlich einer Firmenphilosophie ist zu sagen, dass diese auf Dauer nur erfolgreich sein kann, wenn sie positiv ist und sich nicht an Feindbildern orientiert.

Feindbilder basieren oft auf Vorurteilen. Zu diesen gehören bestimmte Konventionen und Feindbilder. Vorurteile haben folgende Merkmale:

1. Sie werden emotional besetzt und orientieren Einstellungen und damit auch Handlungen;

2. Sie sind immer falsch oder unentscheidbar, behaupten aber ihre eigene Wahrheit;

3. Sie generalisieren;

4. Sie weisen Kritik oder andere Formen des In-Frage-Stellens meist emotional zurück...;

5. Sie werden von vielen Personen geteilt, so dass der Verbleib im Kollektiv gefährdet ist, wenn man einem Vorurteil wider-

spricht oder es auch nur als Vorurteil benennt."⁴⁹

In einer Firma wird Herrschaft beispielsweise dadurch ausgeübt, dass der Konkurrent als Feind dargestellt wird. Oder etwa dadurch, dass bestimmte Vorschriften hinsichtlich der zu tragenden Kleidung gemacht werden. Durchaus üblich ist auch die Herrschaft mittels Vorurteilen: Dem erfolgreichen Konkurrenten wird unterstellt, er sei aufgrund von Beziehungen in unsaubere Geschäfte verwickelt.

Verhält sich der größte Teil der Firma gemäß den gemeinsamen Vorurteilen, Feindbildern, Normen, Standards und Konventionen, dann stabilisiert und motiviert das die so geschlossene Kommunikationsgemeinschaft. Da die

---

⁴⁹ R. Lay, Die Macht der Wörter... 187
Das Vorurteil hat die Funktion von Hypothesen, durch die Informationen über die Welt verarbeitet werden (vgl. G.W. Allport, Die Natur des Vorurteils, Köln 1971, 180f). Ein Vorurteil entsteht nach Allport in vier Stufen (vgl. ebd. 185f):
1. Sinnesdaten werden ausgewählt, indem sich die Aufmerksamkeit auf bestimmte Sachverhalte richtet,
2. Sie werden akzentuiert, insofern sie interssant sind,
3. Sie werden interpretiert, insofern sie wichtig sind,
4. Es werden aus Erfahrungen zusammengestellte Schemata auf sie angewandt.
Allport nennt fünf Stufen des von Vorurteilen bestimmten Handelns (vgl. ebd. 28f):
1. Verleumdung
2. Vermeidung
3. Diskriminierung
4. Physische Gewaltanwendung
5. Vernichtung

systemstabilisierenden Faktoren "von oben" gesteuert werden, machen sie zugleich das System durchschaubar. Man hat klare Werte - bzw. "Unwerte" - mittels derer sich die Systemnähe oder -ferne der einzelnen Mitglieder der Kommunikationsgemeinschaft erkennen und ermessen lassen.

Die systemimmanenten Stabilisationswerte können autoritär, d.h. unter Androhung von Sanktionen (wie Versetzung oder Entlassung), oder suggestiv durch Zulassen, Fördern, Verbieten, und Bestrafen vermittelt werden.

Immer jedoch ist die Voraussetzung dazu eine Hierarchie, die Werte festsetzt und diese nach unten durchsetzt. Die Durchsetzbarkeit steigt, je größer der Herrschaftsmangel hierarchisch untergeordneter Schichten ist. Es gehört zur Herrschaftsausübung in geschlossenen Kommunikationsgemeinschaften, durch gezielte Informationspolitik die Machtmöglichkeiten anderer zu manipulieren, d.h. außer einer kleinen Führungsschicht - im schlimmsten Falle eine einzige Person - leiden die anderen Schichten unter Herrschaftsmangel aufgrund von Informationsmangel. Systeme, in denen auf diese Weise Herrschaft ausgeübt wird, sind totalitär. Solche totalitären Systeme finden sich in der Wirtschaft, im Staate, in der Kirche und sogar im privaten Bereich der Familie.

Herrschaftsausübung in Systemen hängt immer mit "definieren" - d.h. übersetzt: abgrenzen - zusammen. Die entsprechenden

Verordnungen werden, gemäß dem Informationsstand der Definitoren, definiert, d.h. sie werden vorgegeben und müssen hingenommen werden, weil der Kenntnisstand der Untergebenen für eine Hinterfragbarkeit der Definition nicht hinreicht.

In Betrieben wird Herrschaft oft durch Definitionen ausgeübt. Es wird klar festgelegt, was man unter einem "Vorarbeiter", unter einem "Vorsteher", unter... unter... unter... zu verstehen hat. Die Definition darf von den Angestellten nicht hinterfragt werden. Auch hier entsteht ein totalitäres System.

Kennzeichnend für totalitäre Systeme ist das Misstrauen des Herrschenden in die Vernunft des Untertans.

Für die Untertane selbst kann ein solches System durchaus bequem sein. Es erspart die Mühe, sich seines eigenen Verstandes zu bedienen und lädt wenig Verantwortung auf. Es ist durchaus verblüffend, wie stark sich junge Menschen wieder in die Sicherheit auf diese Weise geschlossener Kommunikationsgemeinschaften flüchten. Innerbetrieblich ist diese Tendenz häufig sogar ein Problem, denn das Angebot der Firmenleitung zu Mitbestimmung, das Aufheben hierarchischer Firmenstrukturen, die Aufgabe absolutistischer Ansichten usw. trifft seitens der Angestellten oft auf wenig Gegenliebe.

Ein Freund von mir arbeitet in der Leitung einer großen norddeutschen Abfallentsorgungsfirma. Er erzählte mir, dass er vor einigen Jahren mit Ausspracherunden von Angestellten auf der mittleren Ebene begonnen habe. Diese seien zunächst gut angekommen. Es entstand in der Firma eine Freude über die Möglichkeiten, seine Meinung sagen und eventuell Vorschläge einbringen zu können.

Inzwischen jedoch sei diese Freude der Zurückhaltung gewichen, denn die Angestellten hätten gemerkt, dass sie nun auch mehr Verantwortung trügen. Diese aber wollen sie auf keinen Fall übernehmen.

Im Gegensatz zur Gewalt kann Herrschaft anonym ausgeübt werden. Herrschaftsstrukturen - zumal dann, wenn sie sich verselbstständigt haben - lassen keine unmittelbaren Rückschlüsse auf die hinter ihnen stehenden oder sie verursachenden Personen zu. Herrschaft vollzieht sich im System selbst, reproduziert sich in dem Maße, in dem das System selbst sich reproduziert (ähnlich, wie in jedem Ableger einer Blume die ganze Mutterblume enthalten ist).

Kommunikation, und damit menschliches Miteinanderumgehen, ist unter dem Anspruch von (anonymer) Herrschaft nicht möglich.

"Die Ohnmacht eines Menschen vor einer durch keine Interaktion erreichbare Instanz ist größer als die eines Menschen vor dem Angesicht eines Tyrannen."[50] So viel zur Ausübung von Herrschaft.

---

[50] R. Lay, Die Macht der Wörter... 164.

4.3. Die gewaltfreie Kommunikationsgemeinschaft

Die Gewalt gehört zu den Systemvollzügen, d.h. sie ist das probateste Mittel, Herrschaft auszuüben und die erwartete Systemtreue zu erreichen. Es gibt verschiedene Formen der Gewaltausübung. Abgesehen von der direkten körperlichen Gewalt, bezieht sich die im Bereich der Kommunikation mögliche Gewaltanwendung auf das aktive Fernhalten von Informationen (im schlimmsten Falle durch Aktenvernichtung o.Ä.) bzw. auf den Umgang mit Informationsbesitz.

Hier finden sich dann repressive Sätze wie:
- "Wenn Sie wüssten, was ich weiß, dann würden Sie tun, was ich fordere."

- "Ich darf aus betrieblichen Gründen leider nicht mehr dazu sagen, aber..."

- "Sie können nicht wissen, worum es sich handelt, aber glauben Sie mir, dass..."

Immer, wenn jemand seinen Informationsvorsprung dazu ausnutzt, andere Menschen zu einem Handeln zu verführen, deren Tragweite sie selbst nicht absehen können, übt er Gewalt aus.

Ein derartig gewaltsamer Mensch wird seine Fähigkeit zur Kommunikation nur dazu nutzen, die anderen von den Informationen, die er selber hat, fernzuhalten. Kommunikation ist für ihn nicht Interaktion, sondern Mittel zur Zielerreichung. Für die anderen wird die

Kommunikation - unter dieser Form von Gewaltanwendung - weitgehend sinn- und funktionslos, geht sie doch von der irrigen Annahme aus, es standen alle gewünschten Informationen zur Verfügung. Echte Informationen werden durch Gerüchte und Vermutungen ersetzt. An die Stelle echter fruchtbarer Kommunikation tritt das Misstrauen.

In einem noch stark absolutistisch geführten System hat der Führende einen hohen Informationsstand. Die unmittelbar mit ihm zusammenarbeitenden Personen haben an bestimmten Informationen teil. Die entsprechende Kommunikationsgemeinschaft setzt sich also aus der umfassend informierten Person, einigen halbinformierten und vielen nicht informierten Personen zusammen. Die Halbinformierten werden gegenüber den Nichtinformierten ihre Position als Machtposition ausbauen. Das provoziert die Gerüchtebildung bei den Nichtinformierten, schafft Grenzen und setzt Aggressionen und Gewalt frei.

Auf weitere Möglichkeiten, Informationspolitik als Machtpolitik zu betreiben, sowie die innerbetrieblichen Gefahren, werden wir später noch zu sprechen kommen.

Hier ging es zunächst nur um den Umgang mit Informationen als Gewaltausübung in geschlossenen Kommunikationsgemeinschaften.

Die ideale Kommunikationsgemeinschaft darf

keine Gewalt kennen. Gerade und nur die gewaltlose Kommunikation bietet die Chance, Einstellungen, Orientierungen, Meinungen und Urteile zu ändern.

Es ist durchaus nicht ungefährlich, diese Thesen auf politische Ordnungen zu übertragen. Eine herrschafts- und gewaltfreie politische Gesellschaftsordnung liegt in ihrer idealen Form in der sogenannten Anarchie vor. Im Gegensatz zur Hierarchie als analoge Herrschaftsform zu einer (als geglaubt vorausgesetzten) Ordnung göttlichen Ursprungs, bezieht sich die Anarchie nicht auf die Stufung der Gesellschaft, sondern setzt definitorisch alle Schichten gleich. Die Anarchie, in der ja auch das Wort arche (= Ursprung) steckt, setzt auf eine ursprünglich sich selbst gegebene Menschheit und Gesellschaft.

Der Mensch ist nach ihr in seinem Wesen "ursprünglich", "gewaltfrei" und nur in diesem Sinne "sozial" veranlagt. Jede Form von Herrschaft und Gewalt widerspricht dem ursprünglichen Menschsein und entsteht durch das in der menschlichen Natur verwurzelte Machtstreben als Perversion eines falsch verstandenen Verantwortungsbewusstseins. Soziale und charakterliche Unterschiede (auch die zwischen Mann und Frau), haben sich aus falschen (und damit meint die Anarchie durchaus auch die Hierarchie) sozialen Ordnungen geschichtlich entwickelt und müssen auf ihren Ursprung zurückgeführt werden. Definierte und ausgeübte Formen von Herrschaft und Gewalt, wie sie jahrhundertelang auch von der Kirche ausgingen, waren "Opium für das Volk" (K. Marx) und haben es seiner ursprünglich anarchischen Berufung beraubt. Eine Möglichkeit der Rückführung zu diesem Ursprung bietet die anarchische Kommunikation, die absolut und unumkehrbar herrschafts- und gewaltfrei sein muss.

Einer der entscheidenden Fehler dürfte dabei in der schwer begründbaren Annahme liegen, dass alle menschlichen Unterschiede sozialen Ursprungs sind, also fehlentwickeltes Resultat einer falschen politischen Ordnung, welche auf Herrschaft und Gewalt basiert. Gegen das Ziel einer anarchisch ausgerichteten Gesellschaft, in Überwindung aller bisherigen Fehlentwicklungen, spricht die Tatsache, dass hier keine Übertragung von Verantwortung möglich ist. Das Subsidiaritätsprinzip schrumpft zu einem nur auf das Subjekt bezogene Handlungsprinzip. Es ist keine Möglichkeit zur Ordnung und Stufung der Gesellschaft mehr, sondern eine Handlungsmaxime für den Einzelnen.

Hierarchie und Anarchie stehen sich letztlich unversöhnlich gegenüber, weil beide möglichen Gesellschaftsordnungen unterschiedliche Voraussetzungen haben, von denen die weiteren Ansichten abhängen. Die Hierarchie verlangt den Glauben an im Wesen des Menschen gelegene Unterschiede z.B. dergestalt, dass es bestimmte Menschen gibt, denen es seinshaft im Wesen liegt mehr Verantwortung zu übernehmen, also dass es Führerpersönlichkeiten gibt und solche, die sich führen lassen. Die Hierarchie setzt den Schöpfungsglauben voraus.

Die Anarchie hingegen verlangt das Credo einer absoluten und wesenhaften Gleichheit aller Menschen, deren Unterschiede nicht im Wesen sondern im sozialen Werden gelegen sind.

Die Anarchie setzt den Glauben an eine sich selbst entfaltende evolutive Menschheit voraus.

Gesellschaftspolitisch interessant wäre die Frage, ob die Demokratie eine mögliche Verknüpfung von Hierarchie und Anarchie ist. Denn hier wird ja Verantwortung in eine vom Volk in freien und geheimen Wahlen selbst erstellte Führungsschicht übertragen.

Vertreter der hierarchischen Ansicht würden hiergegen einwenden, dass die Verantwortung nicht von Personen, sondern von Gruppen (Parteien) getragen würde und somit keine letzte und klare Verantwortlichkeit gegeben sei. Auch der Stabilitätsfaktor würde in die Kritik geraten.

Vertreter der anarchischen Ansicht würden gegen die Demokratie möglicherweise einwenden, dass sie ja gerade wieder Schichten und Stufungen erstellt, die dem Menschen ursprünglich wesensfremd seien.

Kommunikationstheoretisch - und gerade im Hinblick auf das Vorliegen von Herrschaftsstrukturen und Anwenden von Gewalt - bleibt die Frage, ob es tatsächlich möglich ist, jeden Menschen die gleichen Informationen in gleicher Weise zukommen zu lassen. Denn der Besitz der Informationen ist auch für demokratische Wahlen Voraussetzung.

So bleibt, kommunikationstheoretisch, diese eine Anforderung - egal für welche politische Ordnung - bestehen:

Es liegt an der Qualität der Kommunikation, in welcher gesellschaftlichen und politischen Ordnung der Mensch lebt.

Die ideale Kommunikationsgemeinschaft, d.h. die offene Kommunikationsgemeinschaft, die sich durch Herrschafts- und Gewaltfreiheit auszeichnet, ist offenbar nur in ganz kleinen Gesellschaftsformen möglich. Bereits in einem Betrieb ist sie wohl nicht zu verwirklichen, denn in einem solchen muss es für alle Mitarbeiter verbindliche innerbetriebliche Strukturen und Normen geben, damit dieser effektiv arbeiten kann.

Ein großes Hemmnis der Effektivität sind jedoch auch im Betrieb die Kommunikationsstörungen. Das vorliegende Buch soll helfen, diese zu erkennen, zu analysieren und zu beheben. Für eine menschlichere Kommunikation.

Statt einer Zusammenfassung

Ich glaube: Jeder Mensch ist so einzigartig und einmalig, dass man große Probleme mit Theorien, die ja immer auch generalisieren und pauschalisieren, bekommt, sobald diese als einzig mögliche Analysemethode angewandt werden. Denn alle Überlegungen bezüglich Kommunikationsstörungen und ihrer Ursachen vermögen nur ein recht oberflächliches Bild von dem zu vermitteln, welche bestimmenden, hemmenden oder fördernden Faktoren in den Tiefen eines Menschen wirken. Es geht ja schließlich auch nicht darum, alle Hintergründe und Tiefen einer Seele zu kennen, sondern darum, mit ihnen jeweils richtig umzugehen.

Wie wichtig dabei die Sprache ist, sollte hier deutlich werden, denn sie ist eine entscheidende kommunikative Beziehung des Menschen zur Außenwelt.

Hinsichtlich der gezeigten Kommunikationsstörungen kann man sagen, dass alle diese schon dann nicht mehr gefährlich sind, wenn die Partner lernen, über ihre Beziehung und die Art der Kommunikation, die sie betreiben, zu sprechen. Das aber ist nur dann der Fall, wenn man sowohl sich selbst kennt und an sich selbst nicht verzweifelt als auch den Anderen kennt und in seinen Schwächen und Grenzen akzeptiert. So entsteht letztlich folgende Weisheit, durch die meisten Kommunikationsprobleme von Anfang an vermieden werden können: "Vermutlich ist gelungene Kommunikation nur zwischen Menschen, die ihr eigenes und nicht ein fremdes, geborgtes Leben leben, möglich". (R. Lay)

Der Heilige Augustinus hat einmal gesagt: "Jeder Mensch ist ein Gedanke Gottes, den Gott nur einmal denkt". Ich glaube, dass man lange braucht, um die Größe dieser Aussage auszuloten. Aber diese Erkenntnis kann auch helfen, immer wieder in der rechten Weise mit allen Rätseln umzugehen, die einem andere Menschen durch ihr Verhalten aufgeben und schließlich ist man selbst ja oft genug für andere auch ein Rätsel.

Wir müssen nicht alle Wunder und Rätsel dieser Schöpfung lösen und vielleicht ist dies die schönste Fähigkeit, die sich ein Mensch bewahren kann: zu staunen. Aristoteles hat schon gesagt, dass das Staunen der Anfang der Philosophie ist und ich glaube, dass Kommunikation zwischen Menschen nur dann gelingen kann, wenn man sich die Fähigkeit zu staunen bewahrt hat.

Und schließlich gilt auch bei der Analyse von Kommunikationsstrukturen, dass diese nur eine Brille sind, mit der man etwas in bestimmter Weise sieht, keineswegs aber kann man mit ihr die gesamte Wirklichkeit erfassen. Manchmal hilft es sogar, wenn man diese Brille wieder absetzt und das Ganze auf sich wirken lässt.

Und schließlich hat alle Kommunikation und vor allen Dingen auch das Beheben von Kommunikationsproblemen den Sinn, dass man gemeinsam nach vorne blickt und nicht ständig ineinander starrt.

In diesem Sinne hoffe ich, mit dem vorliegenden Buch nicht nur einen Beitrag zum souveräneren Umgang mit (alltäglichen) Konflikten zu leisten, sondern darüber jenes zu vermitteln, was dem Leben im Letzten seinen Wert gibt, und was Antoine de Saint Exupery im kleinen Prinzen einmal so ausdrückt: „Die wahre Freude ist die am Anderen".

Literaturverzeichnis

Adorno, Th. W.: Ästhetische Theorie, Ges. Schriften, Bd.5, Frankfurt/Main 1970

Allport, G.W.: Die Natur des Vorurteils, Köln 1971

Babel, Nora; Verkehrte Welt – über das Leiden der Linkshänder, in: Frankfurter Allgemeine Magazin vom 15. März 1991, 46-62,58.

ASU-BJU-NEWS Unternehmerzeitschrift Baden Württemberg/ News 2/96

Bateson, G. und Jackson, Don D.: Some varieties of Pathogenic Organization, in: David Mc. Rioch (Hrsg), Disorder of Communication, 1964 (Bd. 42), 270-283

Green, H.: Ich hab Dir nie einen Rosengarten versprochen - Bericht einer Heilung; Reinbek bei Hamburg 1989

Harris, T.A.: Ich bin o.k. - Du bist o.k., Eine Einführung in die Transaktionsanalyse; Reinbeck 1975

Habermas, J.: Theorie des kommunikativen Handelns, 2 Bde., Frankfurt/Main 1981

Jaspers, K.: Allgemeine Psychopathologie, Berlin/Heidelberg 1946[4]

Ders.: Vernunft und Existenz, München 1935[4]

Kirchner, Bertram; Sprechen vor Gruppen - Analytische Betrachtungen zur freien Rede, Stuttgart 1980

Lay, R.: Die Macht der Wörter, München 1986
Ders.: Dialektik für Manager, Berlin 1989[13]

Leonhardt, Rudolf Walter; Auf gut deutsch gesagt – ein Sprachbrevier für Fortgeschrittene, Darmstadt 1983

Lorenz, K.: Er redete mit dem Vieh, den Vögeln und den Fischen, Wien 1949

Loyola, Ignatius von: Die Exerzitien, zitiert nach der Übersetzung von Hans Urs von Balthasar, Einsiedeln 1976.

Pörsken, Uwe; Plastikwörter - die Sprache einer internationalen Diktatur, Stuttgart 1988.

Roth, Eugen; Mensch und Unmensch – heitere Verse, München 1948

Schulz von Thun, Friedmann; "Miteinander reden – Stile, Werte und Persönlichkeitsentwicklung", Hamburg 1998

Tinbergen, N.: Tiere untereinander - Soziales Verhalten bei Tieren, insbesondere Wirbeltieren; Berlin/Hamburg 1955

Watzlawick, P.; Beavin, J.H. und Jackson, Don D.: Menschliche Kommunikation - Formen, Störungen, Paradoxien, Stuttgart 19908

Zoche, H.-J.; Konfliktsouveränität, Bayreuth 1990.